首都圏版⑤　最新入試に対応！　家庭学習に最適の問題集!!

早稲田実業学校初等部

過去問題集

2025年度版

2021～2024年度 実施試験 計4年分収録

問題集の効果的な使い方

①学習を始める前に、まずは保護者の方が「入試問題」の傾向や、どの程度難しいか把握をします。すべての「学習のポイント」にも目を通してください。
②各分野の学習を先に行い、基礎学力を養いましょう！
③「力が付いてきたら」と思ったら「過去問題」にチャレンジ！
④お子さまの得意・苦手がわかったら、その分野の学習を進め、全体的なレベルアップを図りましょう！

厳選！ 合格必携 問題集セット

観察	Jr. ウォッチャー㉙「行動観察」
数量	Jr. ウォッチャー㊷「一対多の対応」
常識	Jr. ウォッチャー56「マナーとルール」
記憶	お話の記憶 初級編・中級編・上級編
面接	家庭で行う面接テスト問題集

日本学習図書（ニチガク）

目指せ！合格！

家庭学習ガイド
早稲田実業学校初等部

ペーパー　行動観察　巧緻性　制 作　絵 画　運 動　親子面接

入試情報

応募者数：男子 654 名　　女子 496 名
出題形式：ペーパー形式・ノンペーパー形式
面　　接：保護者・志願者面接
出題領域：ペーパーテスト（お話の記憶・推理・数量・図形など）、行動観察、制作（絵画など）、巧緻性、体操

入試対策

1,000 人以上の応募者がいて、１次試験をパスできるのは 180 人ですから、合格ラインはかなり高くなります。しかも毎年似たような問題が出題されるので、準備を万全にしておけば満点に近い成績を取ることも可能という入試です。基礎問題が多分野から出題される「広く浅く」というタイプとも言えるでしょう。ケアレスミスは許されないので、試験対策としては各分野の基礎固めを行いつつ、解答の精度を上げていくことを目標にしてください。なお、本年度の試験は、感染症対策をしつつも、１回のグループは 50 ～ 60 人ずつでした。更に、試験時間は例年通りの１時間程度でペーパー、運動、行動観察の順に行われます。試験時間も待ち時間も長くなったので、集中力を切らさないようにすることが大切です。

●ペーパーテストでは「お話の記憶」「推理」「数量」「図形」など、さまざまな分野から出題されています。内容は基本的なものが多いようですが、お子さまが問題を正確に理解する上でも、日頃から読み聞かせを行い、「語彙力」「理解力」「集中力」「記憶力」「想像力」を養ってください。

●行動観察・制作（絵画など）では、生活体験からくる想像力を活かした想像画が出題されています。人との関わりを持つ機会を増やすよう心がけてください。生活習慣の課題で出題された衣服の着脱や整理整頓などは、日頃の生活で培われるものです。片付けや手伝いなどを習慣づけておくと良いでしょう。

●１次試験の課題画に取り組んでいる時に、絵について質問されます。また、複数で課題に取り組むグループ活動や２次試験の面接など、コミュニケーションを観る内容が試験に多く出題されています。内容的に難しいものはありませんので、日常生活における協調性や受け答えができていれば問題ないでしょう。

「早稲田実業学校初等部」について

〈合格のためのアドバイス〉

志願者数は例年 1,000 人以上に上ります。当校の入学を志望される方は、まず最初に受験者数の多さにおののいてしまうことでしょう。学習方法は、他人と比較をしてわが子を観ないことです。まず保護者の方は、他のお子さまとわが子を比較するのではなく、我が子に現在どれだけの力がついているかを正確に把握しましょう。

その上で、得意分野と苦手分野を整理してください。

苦手分野の対策ばかりしていると、お子さまは勉強すること自体が嫌になってしまいます。苦手対策の学習をする際は、得意分野からはじめて、得意分野で終わるようにしてください。その時、「もっとやりたい」と言うかもしれませんが、苦手分野の問題を繰り返し解くことは勧めません。繰り返すことで、学習に飽き、ムラが生じ、結果的に効果が上がらなくなります。長期的な学習計画を立て、焦らず学力の向上をはかりましょう。

当校では生活体験を重視した問題が多数出題されます。こうした問題は、日頃の生活が教科書となります。生活体験は、毎日コツコツと繰り返し行うことで、少しずつ身に付いていくものです。お手伝いを最初から上手くできる子はそうはいません。保護者の方は「褒めて伸ばす」ことを意識してください。自分でできることは、自分でやる習慣をつけておくことです。

ペーパーの学習に関しては、難易度の到達よりも、正解率にウエイトをおいた学習を心がけるとよいでしょう。当校のペーパーテストは難易度が高いわけではありません。しかし、人数が多い分、1次試験合格のボーダーラインが必然的に高くなっています。そのため、家庭学習において完成度を高いものにする必要があるのです。

お子さまの理解度をはかるには、解き方の説明をさせるとよいでしょう。お子さまの思考過程が把握でき、どこでつまずいたのかがわかります。

また、学習がマンネリ化してきたら、作問させることもおすすめします。問題を作るということは、解答まで考えて作ることになりますから、解答までのプロセスを自分自身で確認することができます。

〈2024 年度選考〉

〈1次試験〉
- ◆制作（個別）
- ◆行動観察（複数）
- ◆ペーパーテスト

〈2次試験〉
- ◆保護者・志願者面接（15 分）
  ※面接官は3名。

◇過去の応募状況

2024 年度	男子 654 名	女子 496 名
2023 年度	男子 744 名	女子 548 名
2022 年度	男子 778 名	女子 613 名

入試のチェックポイント

◇受験番号は…「非公表」
◇生まれ月の考慮…「非公表」

早稲田実業学校初等部

過去問題集

〈はじめに〉

現在、少子化が叫ばれているにもかかわらず、私立・国立小学校の入学試験には一定の応募者があります。入試は、ただやみくもに学習するだけでは成果を得ることはできません。志望校の過去における出題傾向を研究・把握した上で、学習を進めていくこと、試験までに志願者の不得意分野を克服することが求められます。そこで、本問題集は小学校を受験される方々に、志望校の出題された問題をより分かりやすく理解して頂くために、アドバイスを記載してあります。最新のデータを含む精選された過去問題集で実力をお付けください。

また、志望校の選択には弊社発行の「**2025年度版　首都圏・東日本　国立・私立小学校　進学のてびき**」をぜひ参考になさってください。

〈本書ご使用方法〉

◆出題者は出題前に一度問題を通読し、出題内容などを把握した上で、**〈準　備〉**の欄に表記してあるものを用意してから始めてください。
◆お子さまに絵の頁を渡し、出題者が問題文を読む形式で出題してください。問題を読んだ後で、絵の頁を渡す問題もありますのでご注意ください。
◆**「分野」**は、問題の分野を表しています。弊社の問題集の分野に対応していますので、復習の際の目安にお役立てください。
◆一部の描画や工作、常識等の問題については、解答が省略されているものがあります。お子さまの答えが成り立つか、出題者が各自でご判断ください。
◆**〈時　間〉**につきましては、目安とお考えください。
◆本文右端の**［○年度］**は、問題の出題年度です。**［2024年度］**は、「2023年の秋に行われた2024年度入学志望者向けの考査で出題された問題」という意味です。
◆**学習のポイント**は、指導の際にご参考にしてください。
◆**【おすすめ問題集】**は各問題の基礎力養成や実力アップにご使用ください。

〈本書ご使用にあたっての注意点〉

◆文中に**この問題の絵は縦に使用してください。**と記載してある問題の絵は縦にしてお使いください。
◆**〈準　備〉**の欄で、クレヨン・クーピーペンと表記してある場合は12色程度のものを、画用紙と表記してある場合は白い画用紙をご用意ください。
◆文中に**この問題の絵はありません。**と記載してある問題には絵の頁がありませんので、ご注意ください。なお、問題の絵の右上にある番号が連番でなくても、中央下の頁番号が連番の場合は落丁ではありません。
下記一覧表の●が付いている問題は絵がありません。

問題1	問題2	問題3	問題4	問題5	問題6	問題7	問題8	問題9	問題10
							●	●	●
問題11	問題12	問題13	問題14	問題15	問題16	問題17	問題18	問題19	問題20
●									●
問題21	問題22	問題23	問題24	問題25	問題26	問題27	問題28	問題29	問題30
●									
問題31	問題32	問題33	問題34	問題35	問題36	問題37	問題38	問題39	問題40
			●	●	●				
問題41	問題42	問題43	問題44						
	●	●	●						

🉐 先輩ママたちの声！

◆実際に受験をされた方からのアドバイスです。
ぜひ参考にしてください。

早稲田実業学校初等部

・親の控え室では、スマホ、パソコンなどの電子機器の使用は禁止されていました。待機時間は約60分でした。

・試験の内容によっては、服が汚れることがあるようです。

・ペーパーテストだけでなく、子どもの態度も重要です。試験中にふざけた子はテストの点が良くても不合格にされたようです。ほかの子の悪ふざけにつられないよう、日頃の躾が重要です。

・待ち時間があるので、折り紙や本などを持参するといいです。待合室ではほとんどのお子さんが、折り紙をして静かに待っていました。本を読んでいるお子さんや、あやとりをしているお子さんもいたようです。

・面接試験は８割方が子どもへの質問でした。

・課題自体は難しいように見えませんでした。しかし、試験全体を通してみると、何事もバランスよく総合力を観られる考査で、やはり難関校だなと思いました。

・考査全てにおいて、覚えて行うより、考えて対応する力が必要と感じました。日頃から自分で考える習慣、また先生と話す対話力が必要と感じました。

・面接での質問内容は、こちらの回答によってどんどん発展していく感じのものでした。活発な子どもを望んでいる様子でしたので、明るくハキハキと受け答えができるとよいのではないでしょうか。

・家での片付けは、しっかりやらせた方が良いです。生活習慣を重視した問題と感じました。

・お話は短いものが多く、簡単なので、対策しやすいと思います。運動は簡単でした。絵は子どもレベルの活きいきとした絵が描ければ乗り切れると思います。考査時間は1時間程度で短いです。

◎学習効果を上げるため、前掲の「家庭学習ガイド」及び「合格のためのアドバイス」をお読みになり、各校が実施する入試の出題傾向を、よく把握した上で問題に取り組んでください。
※冒頭の「本書のご使用方法」「ご使用にあたっての注意点」も併せてご覧ください。

2024年度の最新入試問題

問題1　分野：記憶（お話の記憶）

〈準備〉　クーピーペン（赤）

〈問題〉　お話を聞いて後の質問に答えてください。（話が終わるまで絵を伏せておく）

ななこちゃんの家族全員で、明日山の上にある森へ行きます。ななこちゃんはその森へはまだ行ったことがありません。どんなところなのかいろいろ想像していると、お母さんに「ななこちゃん、明日持っていくものの準備は終わったの？」と言われました。いろいろ考えているだけで、何の準備もしていなかったななこちゃんは「何を持っていこうかな・・・、何を着ていこうかな・・・、くつはどれをはいていこうかな・・・」と考えながら、あわてて準備をしました。準備が終わったななこちゃんはお風呂に入りました。頭を洗ったので、髪をタオルで拭き、ドライヤーで乾かしました。お風呂から出てくるととてもおいしそうな匂いがしてきました。夕ご飯はななこちゃんの大好きなオムライスです。夕ご飯の時はみんなで明日の山の森に行く話ばかりでした。ご飯を食べ終わるとななこちゃんはみんなに「おやすみなさい」と言って寝ようとすると、お母さんが「ななこちゃん何か忘れてはいない？お口の中はどうなっているの？」と言われました。「あっ、忘れていた」と言って洗面所に行き、きれいに歯磨きをしてお母さんに仕上げ磨きをしてもらいました。ななこちゃんは明日のことを考えながらお布団に入りました。

①ななこちゃんがお風呂から出て髪を乾かすのに使ったものはどれでしょうか。その絵に○をつけてください。
②ななこちゃんが忘れていたことは何でしょうか。その絵に○を付けてください。

〈時間〉　各15秒

〈解答〉　①ドライヤー、タオル、くし　②歯磨き

弊社の問題集は、同封の注文書の他に、
ホームページからでもお買い求めいただくことができます。
右のQRコードからご覧ください。
（早稲田実業学校初等部おすすめ問題集のページです。）

アドバイス

日常生活に関係する話ですから、内容的には記憶のしやすいお話だと思います。お話の記憶の問題では、お話をただ聞いて覚えるよりも、自分の体験に関連づけながら聞いた方が、記憶に残りやすく、後の問題にも解答しやすくなります。そのことから、生活体験の多少は、行動観察でなく、他の問題にも大きく影響することがお分かりいただけるのではないでしょうか。その点からからいえば、普段から登園準備を自分でしているお子さまにとっては、このお話の記憶は解きやすい問題だと思います。逆に、準備を自分でしていないお子さまにとりましては、色々と複雑な話に感じているのではないかと推測されます。問題を解く際、気を付けなければならないことは、落ち着いて問題に取り組むことです。また、毎日取り組んでいただきたいことは読み聞かせです。弊社の問題集の解説でも、このことはよくお伝えしていますが、お話の記憶の問題を解く力は読み聞かせの量に比例すると言われています。学習とは別に、毎日の読み聞かせを行うようにしましょう。

【おすすめ問題集】

Ｊｒ・ウォッチャー19「お話の記憶」、１話５分の読み聞かせお話集①・②、
お話の記憶 初級編・中級編・上級編、お話の記憶ベスト30、お話の記憶過去類似編

問題２　分野：数量（数える・分割）

〈準 備〉　クーピーペン（赤）

〈問 題〉　絵を見てください。
①左の物を２個ずつ分けると一番多くもらえるのは何人でしょうか。もらえる人に○をつけてください。
②左の物を３個ずつ分けると一番多くもらえるのは何人でしょうか。もらえる人に○をつけてください。
③積み木の数で１番多いものに○を付けてください。
④四角の中の形で●の数が１番多い四角はどれですか。○を付けてください。

〈時 間〉　30秒

〈解 答〉　①４人に○　②３人に○　③左から２番目　④右端

家庭学習のコツ①　「先輩ママのアドバイス」を読みましょう！

本書冒頭の「先輩ママのアドバイス」には、実際に試験を経験された方の貴重なお話が掲載されています。対策学習への取り組み方だけでなく、試験場の雰囲気や会場での過ごし方、お子さまの健康管理、家庭学習の方法など、さまざまなことがらについてのアドバイスもあります。先輩ママの体験談、アドバイスに学び、ステップアップを図りましょう！

アドバイス

数の分割は日常無意識のうちに会得していると思いますが、このように改めて問題として出されると、時間を要することがあるでしょう。解答するのに時間を要した場合は、どのようなことで時間を要したのか把握しておいてください。その部分はお子さまによって異なり、分かればその後の対策も変わってきます。①②の問題は、分配することが求められています。ですから、分配ができていないと対応することができません。もし分配することで戸惑っているようであれば、具体物を使用して実際にやってみると、理解ができると思います。他の問題でのポイントは、③の積み木は下に隠れていて見えない部分の数え忘れに注意しましょう。また、数えたものを記憶している力も必要です。④は形や色の違いで惑わされないことです。位置もランダムになっているため数えにくいと思いますが、学習量を増やすことで、少しずつ安定してくると思います。

【おすすめ問題集】

Ｊｒ・ウォッチャー14「数える」、37「選んで数える」、40「数を分ける」、42「一対多の対応」

問題3　分野：図形（鏡図形・回転）

〈準備〉　クーピーペン（赤）

〈問題〉　①積んだ積み木の前に鏡を置きます。その積み木を鏡に映したとき、映っている積み木の形はどのようになるでしょうか。右から選んで○を付けてください。

②鏡の前に両手を広げて立ちました。鏡にはどのように映るでしょうか。右から選んで○を付けてください。

③左の絵を矢印の方へ倒すとどのようになるでしょうか。右から選んで○を付けてください。

④左の絵を矢印の方へ倒すとどのようになるでしょうか。右から選んで○を付けてください。

〈時間〉　30秒

〈解答〉　①右下　②左　③右上　④左下

アドバイス

物を鏡に映すと左右が反転します。先ずはこの原理を理解できているか確認をしましょう。このような問題のときは、保護者の方が答え合わせをするよりも、実際に鏡を使用して同じように鏡に映してみるとよいでしょう。①なら積木を積んでから鏡に映すことで、積木の数、巧緻性の練習にもなります。②なら自分が鏡の前に立つことで、実際にどうなるかを体験できます。このように実際に行うことで、頭の中でも同じことを行うことができます。このように実際に鏡に映して確認をすることで、理解も深まってきます。同じように③④の問題も、答え合わせを直ぐにするのではなく、実際にしてみることで理解を深めていきましょう。図形の問題の場合、クリアファイルなど、身近な物を活用して答え合わせをすることができます。

【おすすめ問題集】

Ｊｒ・ウォッチャー5「回転・展開」、8「対称」、46「回転図形」、48「鏡図形」

問題4　分野：系列

〈準備〉　クーピーペン（赤）

〈問題〉　左側に並んでいる３つの形を見てください。真ん中の抜けているところには右側のどの四角が入ると繋がるでしょうか。右側から探して○を付けてください。

〈時間〉　30秒

〈解答〉　①真ん中　②右　③左

アドバイス

複雑な系列の問題です。それぞれの問題がどのような約束で構成されているのか確認をしましょう。この約束が理解できていないと問題を解くことができません。また、約束を見つけるとき、一つの視点、考えに固執するのではなく、色々と着眼点を変えてとらえるようにすることで発見しやすくなります。この問題では、①と②は中の模様が右の方へまっすぐ1つずつ移動しています。③は4つの矢印が右の方へ回転して1つずつ移動しています。それぞれ移動のし方が違うことに気が付きましたでしょうか。系列にも様々な出題がありますので、このような系列の問題も学習しておくことをおすすめ致します。系列の問題は、約束を早く見つけることがポイントです。

【おすすめ問題集】
Ｊｒ・ウォッチャー６「系列」

問題5　分野：数量（一対多の対応）

〈準備〉　クーピーペン（赤）

〈問題〉　上にお約束が描いてあります。ドングリ３個でリンゴが１個買えます。
・①②を見てください。左側のドングリでリンゴはいくつ買うことができますか。右側のリンゴにその数だけ○を付けてください。
・③④を見てください。左側のリンゴの数だけ買うとドングリはいくつあればよいでしょうか。右側にその数だけ○を書いてください。

〈時間〉　20秒

〈解答〉　①４　②３　③９　④12

アドバイス

①②と③④は逆のことを問われていますが、考え方は同じです。問題を解く際、このことに気がつき、落ち着いて取り組むことができたでしょうか。このような問題の場合、解答用紙に○を書くなどの、解答を見つけ出す解き方を教えがちになりますが、これでは理解したとはいえません。この問題もドングリをおはじきに、リンゴを積木などの別の物に置き換え実際に操作してみましょう。具体物を使用し実際に操作させることで、どのように考えればいいのか理解してきます。この問題に限らず、家庭学習で大切なことは、正解することが一番ではなく、理解することが一番大切で、その上で正解していることになります。家庭学習を行う際、時間がかかっても理解することを中心に行うことをお勧めします。理解が定着すれば、問題数をこなすことで正解率、解答時間共に改善していきます。正解を優先させた学習をさせると、入学後の授業について行けなくなる可能性があります。

【おすすめ問題集】

Ｊｒ・ウォッチャー14「数える」、37「選んで数える」、40「数を分ける」、42「一対多の対応」、43「数のやりとり」

問題6　分野：絵画

〈準備〉　ポンキーペン

〈問題〉　海の絵、形が描いてある絵を見てください。
この海の絵に、いろいろな形が描いてある（６－２）この中のどれかを使って遊んでいる絵を描いてください。大きさも形の向きも自由です。

〈時間〉　適宜

〈解答〉　省略

アドバイス

この問題で、形は前にあるモニターに映し出す形式で出題されました。映し出された形は、大きさや向きの指定はなく、形も様々な形があったようです。また遊んでいる絵を描いているときに、「何を描いていますか」「口はどこに使いましたか」などの質問をされたようです。また、質問に答える際、描く手を休めて答えると、描きながら答えるようにとの指示があったようです。指示された形をどのあたりに、どのような意味を持って描くのか、瞬時に考えて対応することは難しい課題といえるでしょう。海の絵の他に公園の絵や、林の絵などがあったようです。このような課題は、遊びながら練習して慣れておくとよいでしょう。大切なことは、絵の上手下手に視点を置かれているのではなく、発想の転換や、描いているときの態度、道具の使い方、後片付けなどが主な観点となっている問題であることを理解して学習することです。遊びとして取り入れていると、このようなことは疎かになりがちですから、絵を描くこと以外のことにも注意をしましょう。

【おすすめ問題集】

Ｊｒ・ウォッチャー22「想像画」、23「切る・貼る・塗る」、24「絵画」

問題7　分野：巧緻性

〈準備〉　クリアファイル、クリアファイルが入る封筒、Ｂ４の紙横半分に切ったもの１枚、ハサミ、クレヨン（12色）
予め、ウサギが描いてある点線のところを切っておく。

〈問題〉　・ウサギの絵を合わせてクリアファイルに入れましょう。
・○の中に動物の絵を描いてください。描いたら、○の線に沿って切ってください。
・次に、長四角の紙を半分に折りましょう。折ったら、まとめてクリアファイルに入れましょう。
・クリアファイルに入れたら、クリアファイルを封筒に入れてください。

〈時間〉　３分

〈解答〉　省略

アドバイス

この問題で問われている内容を一文で言い表せば、説明をしっかりと聞き、理解して時間内に丁寧に対応できたか。ということになります。近年、人の話を最後まで集中して聞けないお子さまが多くなっているといわれており、日常生活において会話の重要性が下がっていることがうかがわれます。傾聴することを意識して生活を送るようにしましょう。聞くことは全ての学習の源になります。問題の個別の注意点を挙げておきますので参考にしてください。ウサギの絵を合わせてクリアファイルに入れるとき、２枚の絵の合わせ方で裏から見てもウサギに見えるように合わせて入れられたか。線に沿って切るときは、ハサミを動かさずに紙を動かして切れているか。紙を折るときは角を合わせて折れたか。クリアファイルに入れるときウサギが見えるように入れられたかなどです。また、道具の使い方、後片付けなどもしっかりできるように身に着けてください。終わってからの態度にも気を付けましょう。

【おすすめ問題集】
Ｊｒ・ウォッチャー23「切る・貼る・塗る」、25「生活巧緻性」、29「行動観察」、30「生活習慣」、実践ゆびさきトレーニング①・②・③

問題8　分野：行動観察（生活習慣）

〈準備〉　ポロシャツをハンガーにかけておく。
ハサミ、のり、ホチキス、ビニール袋、巾着袋、クーピーペン３本と箱、クレヨン３本と入れる箱、道具を入れる蓋つきの箱、絵本

〈問題〉　この問題の絵はありません。
・ハンガーにかかっているシャツを着てボタンを留めてください。終わったら脱いで元に戻してください。
・ハサミ、のり、ホチキス、ビニール袋を巾着袋に入れて、紐は蝶結びにしてください。
・クーピーペン３本と箱、クレヨン３本と入れる箱、道具を入れる箱、絵本があります。これをきれいに片づけてください。

〈時間〉　適宜

アドバイス

今回のこの出題は、日常生活の様子がよく分かる行動です。この問題が終わった後の様子を観て、生活習慣の指導を考えてみましょう。衣服の着脱ですが、どのような服が出されてもできるようにしておかなければなりません。また、このような出題がされたときは、後片付けに差が出ます。最後まで気を抜かずに行うように指導しましょう。今回、ポロシャツの着脱ですが、時間に余裕がなかったようです。普段から、てきぱきと行動するよう心がけてください。グループによってはズボン、Tシャツ、靴下をたたみリュックに入れる、お弁当、箸をひも付きの袋に入れ紐は蝶結びにする、水筒と折りたたみ傘をリュックのポケットに入れファスナーをする、などの問題も出題されたようです。この問題では蝶結びが出題されましたが、きちんと結べたでしょうか。結び目が緩かったり、縦になってしまったりするのはよくありません。結び方を教えるときは、お子さまの後ろに回り、目の前でお手本を示すようにしてあげてください。

【おすすめ問題集】

Ｊｒ・ウォッチャー25「生活巧緻性」、29「行動観察」、30「生活習慣」、56「マナーとルール」、お助けハンドブック「生活編」

問題９　分野：行動観察

〈準 備〉　お盆、風船、風船が入るような大きめの箱、ボール、シート

〈問 題〉　この問題の絵はありません。

・（２人１組で行う）お盆に風船をのせて箱のところまで運び、箱の中に入れてください。風船は何個のせてもよいですが（スタートからは箱まで10メートルほど離しておく）手を使わないようにしてください。

・シートの端を４人で持ちます。ボールをシートの上にのせ、ボールを上にあげボールつきをしてください。

〈時 間〉　適宜

アドバイス

途中相談する時間はあったようです。そのときは、相談しているときの話し方や参加の意欲、態度などを観られます。入試は初めて会ったお友達と行動しなければなりません。自分の意見を強引に通す人、消極的な行動をとる人がいては上手くはいきません。共同作業であることを意識し、お友達と呼吸を合わせて行うことを意識しましょう。そのためには、これから行うことを把握し、相談するときにも積極的に関わることも大切です。そして競技を行う時は楽しく行うことが大切です。このような場合、よほどのことでない限り、失敗したことが減点対象となることはありませんから、結果を意識した行動をとることは止めましょう。むしろ、うまくいかないときにお友達を責めること、話し方が乱暴なことの方が減点の対象となりかねません。日頃の生活での保護者の方の気持ちや話し方を見ていれば、お子さんはゆとりのある気持ちや話し方を身につけていくはずです。また、待っているときの態度は採点対象となりますので、気を抜かず、最後までおとなしく待てるようにしましょう。風船運びは新聞やうちわなどで運んだチームもあったようです。

【おすすめ問題集】

Ｊｒ・ウォッチャー29「行動観察」、56「マナーとルール」、新・運動テスト問題集

問題10　分野：運動

〈準　備〉　三角コーン（スタートから６メートル離しておく）

〈問　題〉　**この問題の絵はありません。**
スタートから三角コーナーまでケンケンで行きます。コーナーを回ったら指示されたもの（サル、カニ、ウサギ、タコ、ヘビ等）の真似をして戻ってきてください。（帰りの途中からチームによりスキップの指示が出たようです。）

〈時　間〉　１分

アドバイス

この問題も前問の行動観察と同じで、説明をしっかりと聞き、指示通り行動し、意欲的に最後まで取り組むことが求められます。近年、外遊びが減り、脚の力が落ちていると言われています。そのため、指定された場所までケンケンでいくことができないお子さまがいます。入試で行われる競技は、誰でもできる内容が出題されていますので、きちんとできるようにしておいてください。途中で脚の交換をしてよいという指示が出ていない場合は、脚を途中で交換せずにいきましょう。できないからといって、途中でだらけたり、ふてくされたりすることはよくありません。最後まで一生懸命続けるよう指導してください。そのためにも、日常生活において、何事も最後までやり抜くことを習慣化しておくことをおすすめ致します。お子さまの手本となるのは保護者の方です、ですから観られている意識を持って行動してください。他のチームの課題に気をとられないように、しっかり指示を聞くことが大事です。

【おすすめ問題集】

Ｊｒ・ウォッチャー28「運動」、29「行動観察」、56「マナーとルール」

問題11　分野：面接

〈問　題〉　**この問題の絵はありません。**
志願者へ
・お名前と、受験番号を言ってください。
・幼稚園ではどんな遊びをしていますか。
・喧嘩をしたときはどのようにして仲良くなりますか。
・お友達と仲良くするコツはなんですか。
・お手伝いは何をしていますか。その時気を付けることはどんなことですか。
・お部屋で遊ぶときは誰とどんなことをして遊びますか。
・おとう様、お母様の好きなところは何ですか
父親へ
・父親として子育てで譲れないことはありますか。
・お子さんが人世の岐路に立ったとき、どのような声掛けをしますか。
母親へ
・褒めるときや叱るときはどのようなときですか。
保護者へ
・家庭と学校の教育はどう違うと思いますか。
・自分の子供のころと比べて、お子さんと似ているところや違うところはどのようなところですか。

＜時　間＞　即答が望ましい

アドバイス

最近の面接では、日頃のコミュニケーションをしっかりとり、新聞やニュースなどの報道番組などの見聞などから、幅広い知識を取り入れ、それに対して自分の考えを持たなければ回答に窮することになりかねないような質問があります。また、保護者の方自身の生き方、信念などを問われる内容が多くみられるようになりました。このような時代だからこそ、保護者としての信念を持つことを心がけてください。また、面接は、学校が求める回答を述べる場ではありません。あくまでも質問されたことに対する自分の意見を述べる場です。

一方、お子さまに対する質問は、特別難しいことはありませんので、即答で答えるようにしましょう。面接に関することは、弊社発行の「面接テスト問題集」（子ども用）、面接テスト最強マニュアル（保護者用）をご参照ください。どちらも面接テストに関するアドバイスが、冒頭のまえがきから各問題に至るまで充実しており、皆様が知りたい内容など細かなことが書いてあるので参考になります。

【おすすめ問題集】

新・小学校面接Ｑ＆Ａ、入試面接最強マニュアル、面接テスト問題集

問題12　分野：記憶（お話の記憶）

〈準備〉　クーピーペン（赤）

〈問題〉　お話を聞いて後の質問に答えてください。

庭で遊んでいたのぶと君がお母さんに呼ばれたので行ってみると、近くにあるスーパーへ、お使いを頼まれました。頼まれたものは、レタスとニンジン、卵にイカでした。お母さんは「買うものをメモするね」と言いましたが、のぶと君は「しっかり覚えたから書かないでも大丈夫だよ」と答えました。そして、買い物袋にお財布を入れると出かけていきました。スーパーへ行く途中に公園があります。公園では、みつお君とまさし君とさとし君が遊んでいました。「のぶと君も遊ぼうよ。今、砂場で電車を作ろうと話をしていたんだ」と誘われました。とても遊びたかったのですが「これから、スーパーへ買い物に行かなければならないんだ。また今度遊ぼうね」と言ってスーパーへ向かいました。のぶと君が「電車か・・・、僕はこんな電車を作ってみたいな、線路は・・・」と考えているうちにスーパーに着きました。ところが、困ったことに何を買うのか忘れてしまいました。スーパーの中を歩き回って考えても思い出せません。魚売り場の前に来たときに、「そうだイカだ」と、ようやく思い出したので、イカをかごに入れました。のぶと君は買うものをだんだん思い出してきました。買うものを思い出したのぶと君は、野菜売り場に戻りレタスをかごに入れました。そしてニンジンも入れたのですが、もう一つ、頼まれていた物がなかなか思い出せません。一生懸命思い出そうとしていたとき、近くにいた人が「卵も買わなければ」と話しているのが聞こえました。のぶと君は、「そうだ、僕も買うんだった」と思いだし、最後の買う物をかごに入れて買い物が終わりました。のぶと君は買い物が終わったので急いでお家に帰りました。お家に着くと、お母さんが買ってきたものを見て、「よく買ってこられたね。ありがとう、素晴らしいわ」と言って抱きしめてくれました。

（問題12の絵を渡す）
①のぶと君がスーパーで買い物かごに入れた順番の正しいものに○を付けてください。
②公園で遊んでいたのぶと君のお友達は何人でしたか下の四角にその数だけ○を書いてください。

〈時間〉　各30秒

〈解答〉　①右側の真ん中　②○３個

［2023年度出題］

弊社の問題集は、同封の注文書の他に、
ホームページからでもお買い求めいただくことができます。
右のQRコードからご覧ください。
（早稲田実業学校初等部おすすめ問題集のページです。）

アドバイス

お話の記憶の問題としては、記憶のしやすい内容と言えるでしょう。買い物かごに入れた順番ですが、イカ、レタス、ニンジンまではお話の中に出てきますから、分かると思います。しかし、最後の物ははっきりとは出てきません。お話の中にヒントがあります。それに気が付くかどうかターニングポイントとなるでしょう。当校は志願者数が多いため、確実に正解できる問題は確実に得点をとっておかないと、一次試験の合格は難しくなります。お話の記憶は毎年出題されていることから、しっかりと対策をとって試験に臨むようにしましょう。お話の記憶の問題を解くこともさることながら、毎日、読み聞かせを行い、力を付けるように心がけてください。

【おすすめ問題集】

1話5分の読み聞かせお話集①・②、お話の記憶 初級編・中級編・上級編、
Ｊｒ・ウォッチャー19「お話の記憶」

問題13　分野：図形（重ね図形）

〈準 備〉　クーピーペン（赤）

〈問 題〉　左側の２つの絵は透明な物に描かれてあります。この２つの絵の・と★の印がぴったり合うように重ねるとどうなりますか。右から選び○を付けてください。

〈時 間〉　１分

〈解 答〉　左から：真ん中、左、真ん中

［2023年度出題］

アドバイス

まず、この問題は回転させてはいません。そのままスライドして重ねるようになっています。ですから重ねた後、どうなるかは想像しやすいと思います。しかし、一番上の問題を見ると分かると思いますが、同じ場所に違う色の同じ形があります。透明な物に描かれてあるのですから、白い物は黒くなってしまうことに気がついたでしょうか。ただ、重ねればよいというのではなく、このような細部にわたる観察力も要する問題です。この問題の力を付けるには、クリアファイルを使用し、実際にホワイトボード用のペンで片方の絵をなぞり、隣の絵に重ね、答え合わせをお子さま自身にさせることをおすすめします。そうすることで、間違えた場合でも何処を間違えたのか分かります。先ずはお試しいただき、論理的思考力をしっかりと鍛えましょう。

【おすすめ問題集】

Ｊｒ・ウォッチャー35「重ね図形」

問題14　分野：図形（回転・展開）

〈準 備〉　クーピーペン（赤）

〈問 題〉　①折り紙を半分に折って黒い所を切って開いた時の模様です。では半分に折ったときどのように切れば、開いた時の模様になるでしょうか。右から探して○を付けてください。
②折り紙を半分に折って黒い部分を切り取りました。折り紙を開いた時どのような模様になるでしょうか。右から選んで○を付けてください。
③模様の描いてある四角形と、三角形を矢印の方へ１回転がした時の模様を右側に書いてください。

〈時 間〉　30秒

〈解 答〉　下図参照

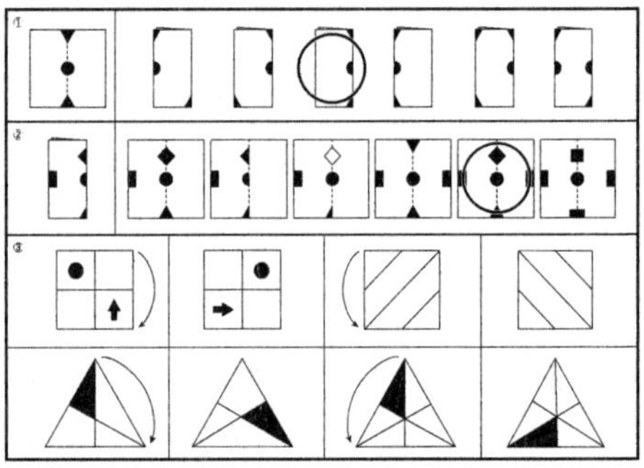

［2023年度出題］

アドバイス

①②は実際に折り紙を使用して確認をしてみましょう。実際に作業を行うことで、想像できるようになります。また、作業をすることで折り目に接している箇所を切り取ると、開いたときに倍の大きさになり、離れている場所を切ると、展開したときに左右に離れることが分かると思います。この原則はクリアファイルを使用したり、両手を使用したりしても実感することができます。手を使用した場合、まず、目の前で手のひらが合うように手を合わせます。そして小指が離れないようにして手のひらを広げると、小指は接したままですが、親指は離れた位置に来ます。このように身近なものを活用して学習のヒントとなるものがありますので、色々と探してみましょう。回転図形に関しては、クリアファイルを活用し、実際に回転させ、答え合わせをお子さま自身で行う事をおすすめいたします。

【おすすめ問題集】
Ｊｒ・ウォッチャー１「点・線図形」、２「座標」、51「運筆①」、52「運筆②」

問題15　分野：数量（1：1の対応、数える）

〈準 備〉　クーピーペン（赤）

〈問 題〉　①メロンとスイカを組み合わせたとき、何組できるでしょうか。右側の□にその数だけ○を書いてください。
②ハンバーガーを作ります。パンにハンバーグ、チーズ、レタスをはさみます、いくつ作れるでしょうか。右側にその数だけ○を書いてください。
③自動車、三輪車、自転車で１番数の多いものは何でしょうか。右側の絵に○を付けてください。
④テーブルとイスが描いてあります。この中で１番多く人が座れるのはどれでしょうか。そのテーブルに○を付けてください。

〈時 間〉　30秒

〈解 答〉　①○１つ　②○３つ　③自転車　④右から２番目

［2023年度出題］

アドバイス

数え違いをしなければ正解の取れる問題です。①②は1番数の少ない物しか組み合わせはできません。そこで描いてあるものを数えると、②はハンバーグの上になるパンが3個と1番数が少ないですから3組しか作ることができないことが分かると思います。この問題は、ただただ数を数えればよいという出題ではなく、数えた後に比較や組み合わせが入ります。先ずは正確に数えることをしっかりと身につけ、次に、数えた数を記憶しながら、比較したり、組み合わせたりします。このような、問われる内容がバラバラの問題の場合、一つひとつを確実に解いていかなければなりません。また、数量と一言で言っても色々な問題があります。その中でどの問題が出題されるか分かりませんから、数に関する知識はしっかりと付けておいてください。日常生活においても、数える機会はたくさんあると思います。組み合わせるにしてもストレートに指示をするのではなく、一寸ひねった感じで指示を出すのも対策になります。

【おすすめ問題集】
Ｊｒ・ウォッチャー２「座標」、14「数える」、15「比較」、37「選んで数える」
47「座標の移動」、58「比較②」

家庭学習のコツ①　「先輩ママのアドバイス」を読みましょう！

本書冒頭の「先輩ママのアドバイス」には、実際に試験を経験された方の貴重なお話が掲載されています。対策学習への取り組み方だけでなく、試験場の雰囲気や会場での過ごし方、お子さまの健康管理、家庭学習の方法など、さまざまなことがらについてのアドバイスもあります。先輩ママの体験談、アドバイスに学び、ステップアップを図りましょう！

問題16　分野：お話の記憶

〈準 備〉　クーピーペン（赤）

〈問 題〉　日曜日のお休みの日に、お父さんと、お母さんとお姉さんと私での４人で、動物園に行きました。私は「パンダを観たいから、動物園に着いたら初めに行こうね」と言いました。お姉さんはキリンのまつ毛が長いので、キリンを観たいと言いました。お母さんは先日ニュースでヒツジの赤ちゃんが生まれたのを見て、「ヒツジの赤ちゃんを観たいから、ヒツジのところへ連れて行って」と言いました。たくさんの人が入り口に並んで入場券を買っています。お父さんは地図を見ながら初めにパンダを観ようと思ったのですが、たくさんの人が並んでいたため、後回しにすることにして、キリンを観に行こうとキリンの方へ歩きました。動物園に入ると池があり、そこにはフラミンゴがいました。次にキリンを見てから、お母さんが観たいと言っていたヒツジのところへ来きました。ヒツジの赤ちゃんは小さくてとてもかわいい目をしていました。そのほかの動物を観てから、お父さんが「もう、すいてきているだろうから、観に行こう」といいました。私は嬉しくなりました。かわいくて大好きです。今日はとても楽しい１日でした。

①動物園で1番初めに見た動物はどの動物でしょうか。上の段から探して○をつけてください。２番目に見た動物には△を付けてください。
③動物を見た順番に並んでいるものを下から探して○を付けてください。

〈時 間〉　30秒

〈解 答〉　①○フラミンゴ　△キリン　②右上

［2023年度出題］

アドバイス

お話の長さとしては短い部類に入る量ですが、様々な動物が、入れ替わるようにお話にでてくるので、しっかりと記憶していなければ混乱してしまうでしょう。その点からすると②の問題がきちんと解答できたお子さまは、しっかりと記憶ができていたととらえることができると思います。ポイントは、観たいと言った順番と実際に観た順番が変更となりましたが、その点をきちんと聞き分けて記憶ができていたかにあります。記憶がしっかりできていないと、問題用紙に書かれてある絵を見て、更に混乱をしてしまいます。お話の記憶などは、特に集中力を要する問題ですから、先ずは落ち着いてしっかりと話を聞くようにしましょう。慌てると、焦るあまり、記憶が飛んでしまうことがあります。

【おすすめ問題集】

1話5分の読み聞かせお話集①・②、お話の記憶 初級編・中級編、
Ｊｒ・ウォッチャー19「お話の記憶」

問題17　分野：運動

〈準 備〉　ステップ台（三段）、ボール、カゴ、テープ

〈問 題〉　**この問題は絵を参考にして下さい。**
①スタートからスキップをして、階段のある所まで行きます。
②階段を上り３段登ったら壁にタッチをしてください。
③階段を下りるとき２段目から印のある所へジャンプをしております。
④降りたところから、ボールのある所までカニ歩きをして移動します。
⑤ボールをもって、その場でボールつきを３回します。
⑥ボールを置いたらゴールまで歩きましょう。

〈時 間〉　５分

〈解 答〉　省略

［2023年度出題］

アドバイス

15人くらいのチームにより、体育館で行われました。運動テストと言っても、競技をするのではなく、複合的なサーキットのような感じで行われます。このようなテストの場合、初めから終わるまで、積極性、態度、意欲、指示の遵守などが観られますが、競技をする前後の待っているときの態度も観察されていることを忘れないでください。取り組みに対する意欲は、日常生活のお手伝いなどを観ても分かります。でも、やっている態度を観察してください。中途半端なやり方は、このようなときに出ます。特にうまくいかなかった場合は、態度に出やすくなります。うまくいかなかった場合でも一生懸命やることが大事なことだと指導してください。またほかの受験者の状態に影響されない注意も必要です。女の子はドリブルの苦手なお子さまが多いようですが、ボールの中心を突くことを練習し、少しずつ回数を増やすようにするとよいでしょう。最初は、「落として、突いて、取る」でも構いません。

【おすすめ問題集】
Ｊｒ・ウォッチャー28「運動」、30「生活習慣」

問題18　分野：行動観察

〈準 備〉　的当て：ボール、的となるような物
ボーリング：ボール、ピンに代わるもの６個程度
お店屋さんごっこ：魚・肉の絵
魚釣り・金魚すくい：釣り竿、魚・金魚の絵、水を入れないビニールプール
（釣り竿や金魚すくいの時の物は絵を参考にして作る）

〈問 題〉　１グループ５～６人でのグループで、的当てか、ボーリング、お店屋さんごっこ（店屋さんは大人の人がやる）、魚釣り、金魚すくいのどれをやるのか、みんなで話し合って決めてやりましょう。

〈時 間〉　７分

〈解 答〉　省略

［2023年度出題］

アドバイス

5～6人のチームで行われました。このような行動観察は、何をやるのか、話し合いで決めますが、決める段階で、どのように話を進めるのかが大切です。積極的に参加しているか、協調性はどうかなど、様々な観点から観られます。また、遊びの最中のことに関しては、譲り合いの気持ち、見物しているときの態度、約束の遵守、後片付けなどがありますが、特に後片付けなどは普段の素の状態が表れやすくなりますから、気を抜かずに最後まで積極的に参加するようにしましょう。お友達などと遊ぶ機会を作り、お子様の行動を観ておくことも重要です。

【おすすめ問題集】
Ｊｒ・ウォッチャー29「行動観察」、56「マナーとルール」

問題19 分野：巧緻性（想像絵画）

〈準備〉 12色のクレヨン

〈問題〉 ここにある絵からお話を考え、絵を描いてください。

〈時間〉 ７分

〈解答〉 省略

[2023年度出題]

アドバイス

４つの絵を見て、関連した話を考え絵にしますが、考えた話の絵が描けるか気になるところです。絵の上手さもさることながら、想像力、言語力、表現力などがポイントになってきます。このような問題に正解はありません。お子さまの想像力をフルに活用して、活き活きした子どもらしい絵を描くように目指してください。絵を描くとき、色々なものを書き込み、一つひとつの絵が小さくなってしまうような絵を描くより、一つひとつをしっかりと大きく描き、見る人が楽しくなるような絵を描くことを目指しましょう。そのためには、手首で描くことよりも、腕全体を使って線を描くようにするとよいでしょう。絵画は、大きく描いているお子さまに、小さく描いて紙の中に納める方が容易で、小さく描いているお子さまに大きく描かせることの方が難しいと言われています。読み聞かせや、日頃のコミュニケーションを多くとりながら、楽しく描けるようにしましょう。

【おすすめ問題集】
Ｊｒ・ウォッチャー21「お話作り」、22「想像画」、24「絵画」

問題20　分野：巧緻性（制作）

〈準 備〉 ジッパー付きビニール袋、折り紙、毛糸30cm、リボン、ティッシュペーパー、花紙、リボン、黒のマジック

〈問 題〉 この問題の絵はありません。
①折り紙を4回折ります。
②折った折り紙を毛糸で巻きます。
③ビニール袋に入れて袋を閉じます。
⑤袋の真ん中より上をリボンで結びます。その時、チョウ結びにしてください。

・今からここにあるもので、てるてる坊主を3個作ってください。

〈時 間〉 5分

〈解 答〉 省略

［2023年度出題］

アドバイス

一つひとつの作業を丁寧に、早く行うことが求められます。これらは、普段から慣れていないと、素早く綺麗にはできません。また、チョウ結びはきちんとできるでしょうか。結んだときに結び目が縦になるのは、正しいチョウ結びとは言えませんから、できていなかったお子さまは、しっかりと修得してください。受験者数を考えると、この問題はきちんとこなしたい内容の一つです。しかし、制作関係の力をつけるのに近道や方法がある訳ではありません。毎日コツコツと取り組めば、少しずつ伸びていきます。毎日、どのようなことでもよいので、制作に関することを取り入れるようにしましょう。道具を使ったときは、正しい道具の使い方、使用後の状態、ゴミの後始末なども配慮できるようにしましょう。実際の入試では、そうしたことも観察の対象となっています。

【おすすめ問題集】
Ｊｒ・ウォッチャー22「想像画」、24「絵画」、30「生活習慣」、
実践ゆびさきトレーニング①・②・③

問題21　分野：面接

〈準 備〉 なし

〈問 題〉 この問題の絵はありません。
志願者へ
・幼稚園・保育園の名前を教えてください。
・あなたのお名前を言ってください。
・好きな遊びはなんですか。
・今日の夕飯は、何を食べたいですか。
・どのようなお手伝いをしていますか。
保護者へ
・志望理由をお聞かせください。

〈時 間〉 即答

〈解 答〉 省略

［2023年度出題］

アドバイス

結果から申し上げますと、お子さまの面接テストは完璧のレベルを求める内容と言えるでしょう。面接に臨むにあたり、基本的なことは他校と変わりはありません。姿勢をしっかりとし、目を見て答える。回答は即答が望ましく、声は大きく、簡潔明瞭に答えることが求められます。しかし、これは特別なことではなく、面接テストの基本ですから、できるようにしておいて欲しいものです。それらのことから、お子さまの面接テストはできることが前提の問題と言えるでしょう。逆に保護者の方に対する質問は、他者との差をどう出すのか。かといって予め用意した内容では、面接官の心には響きません。志望した理由を問う理由の一つが、本当に当校で学びたいと願っている家庭か否かを見分けることにもあります。それは、回答の内容だけで無く、発言者の強い想い、力強い言葉、目など、回答以外のことから伝わってきます。面接テストについて一言で申し上げれば、全てが採点対象になっていると言うことです。
詳しくは、弊社発行の「面接テスト問題集」（志願者面接用）、「面接最強マニュアル」（保護者面接用）をご覧ください。面接テストに対するマル秘アドバイスがたくさん収録されています。

【おすすめ問題集】
面接テスト問題集、保護者のための入試面接最強マニュアル

問題22　分野：お話の記憶

〈準備〉　クーピーペン（赤）

〈問題〉　これからお話をします。よく聞いて、後の質問に答えてください。

家族４人で、デパートへ買い物に行きました。お姉さんは、洋服を買いました。うれしそうに自分で持っています。いろいろなものを買って、帰る途中に、みんな、お腹がすいたということで、何を食べるか、相談することにしました。お姉さんが、「お寿司がいいなー」と言いました。すると、お父さんが、「今日は寒いから温かいものを食べようよ」と言いました。みんなも「いいね」ということで、おそば屋さんに入りました。お店の人が、「いらっしゃい、４名様ですね。こちらへどうぞ」と、案内をしてくれました。メニューを見て、お父さんとお母さんは温かいそば、お姉さんはカツ丼、僕もカツ丼を注文しました。座っていたら、お店の人が、水を１つ、お茶を２つ、オレンジジュースを１つ持ってきてくれました。お店の人が、「オレンジジュースはお子さまだけのサービスとなっております」と言いました。お姉さんは、うらやましそうに「いいなー」と僕を見て言いました。

（問題22の絵を渡す）
①上の絵を見てください。お父さんが注文したのは何ですか。その絵に○をつけてください。
②下の絵を見てください。１番はじめに店員さんが持ってきてくれたのは、何ですか。その絵に○をつけてください。

〈時間〉　各30秒

〈解答〉　①左端（温かいそば）　②右から２番目（お茶２、水１、ジュース１）

［2022年度出題］

アドバイス

お話の内容は、日常でよく見られる状況となっているため、記憶しやすいと思います。当校は、全国屈指の志願者数を誇っていることから、こうした難易度の低い問題は確実に正解しておかないと、合格は難しいと言わざるを得ません。この問題で間違えが多いのは、設問②の問題だと思います。お話の半分程度は、お店で注文をする内容のため、問われる内容もその部分になるのではないかと思ってしまいがちです。思い込んだままお話を聞いていると、設問②で考え込んでしまうでしょう。保護者の方は、このように、解答中のお子さまのちょっとした仕草から、お子さまの理解の状況を推測してください。また、お話の記憶は、すべての問題を解く基礎となりますし、入学後に必要な力が凝縮されていると言っても過言ではありません。読み聞かせをしっかりとして、基礎力のアップを図りましょう。

【おすすめ問題集】

1話5分の読み聞かせお話集①・②、お話の記憶 初級編・中級編・上級編、
Ｊｒ・ウォッチャー19「お話の記憶」

問題23　分野：複合（模写、運筆）

〈準 備〉　クーピーペン（赤）

〈問 題〉　この問題の絵は縦に使用してください。
上の絵をお手本にして、足りないところに線を引いてください。

〈時 間〉　1分

〈解 答〉　省略

［2022年度出題］

アドバイス

解答する側に、既に一部分が描かれてます。そのため、まずは、この段階で位置関係がしっかりと把握していないと、頭の中で混乱し、難しい問題となってしまいます。この絵は、一見すると対称図形のように思われがちですが、実は上下非対称です。こうしたことをしっかりと見極め、頂点の位置関係を把握することが重要です。次に、問題と解答用紙の位置関係をしっかりと把握しましょう。線に沿って描くことも大切ですが、よく見ると、全ての線が描かれてある線上を通るとは限りません。中には描かれてある線から外れて、斜めの線を描くところもあります。解答用紙に描かれてある線に惑わされず、しっかりと線が引けているか観てください。こうした線をしっかりと描けるか否かが差を付けるポイントとなるでしょう。また、線の濃さ（筆圧）、線の丁寧さ（線上を描けているか）も大切ですからチェックしてください。

【おすすめ問題集】

Ｊｒ・ウォッチャー51「運筆①」、52「運筆②」

問題24　分野：図形（点図形・模写）

〈準備〉　クーピーペン（赤）

〈問題〉　①上の左側の靴下は、何人分ありますか。正しいものに○をつけてください。
②下の左側の手袋は、何人分ありますか。正しいものに○をつけてください。

〈時間〉　各30秒

〈解答〉　下図参照

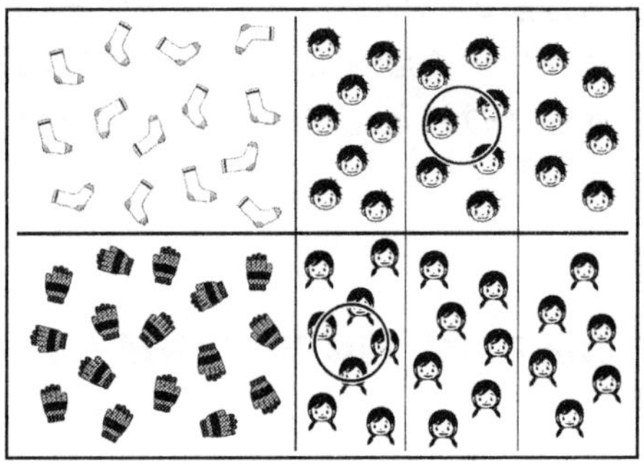

［2022年度出題］

アドバイス

この問題を解く際、数量としてとらえると、難しく考えてしまうでしょう。むしろ、自分の生活に置き換えて、「自分が使う」と考えると、比較的簡単に解くことができると思います。それは、右手と左手、右足と左足と、簡単に考えることができるからです。知識を駆使して、解く方法を模索することもいいと思いますが、「自分なら」と置き換えると、難しくないと思います。例えば、洗濯物をたたむお手伝いをしているお子さまは、靴下をたたむときにペアにします。こうした体験を利用すれば、印を付けなくても靴下をペアにして数えることができると思います。同じようにして手袋も数えるとよいでしょう。問題を解いているとき、お子さまがどのような順番で数を数えているかも観てください。数える方向・順番が全て同じであることが大切です。数え方がバラバラだと、数え忘れたり、重複したりと、ミスを生じさせる原因となります。このような、ちょっとしたことに気を配ることで、イージーミスを回避することができるのです。

【おすすめ問題集】

Ｊｒ・ウォッチャー14「数える」、36「同数発見」、42「一対多の対応」

問題25　分野：数量（たし算・ひき算）

〈準 備〉　クーピーペン（赤）

〈問 題〉　①ともくんは、ミカンを４個持っています。２個食べました。そのあと、お母さんから４個もらったので、とも君は３個食べました。今、ともくんは、ミカンをいくつ持っていますか。その数だけ、ミカンのところに、○を書いてください。
②みさちゃんは、お皿にイチゴを５個持っています。お母さんから４個もらいました。３個食べました。そのあと、お父さんから２個もらいました。今、お皿には、いくつのイチゴがありますか。その数だけ、イチゴのところに、○を書いてください

〈時 間〉　各30秒

〈解 答〉　①○３つ　②○８つ

［2022年度出題］

アドバイス

この問題は、分野としては数の増減（たし算・ひき算）になりますが、実は読み聞かせの量に比例する問題でもあります。お話の記憶を解くとき、「語彙力」「理解力」「集中力」「記憶力」そして「想像力」の５つの力が必要と言われており、この最後の「想像力」がこの問題を解く際に必要な力になります。この問題は、お話を聞きながら、頭の中で数を増減させて解答していきます。そのため、お話の記憶の力がきちんと身に付いていないと、頭の中で、数の増減を想像できません。保護者の方は、解答に直結することだけを観るのではなく、解答するのに必要な力が何かを含めて、分析をすることをおすすめします。また、解答したときの○をよく見てください。自信を持って解答したときは、○の形がきれいですし、力強く書けていると思います。しかし、自信がない場合は、形が崩れたり、途中で止まっていたりしますから、そういった点からもお子さまの理解度を知ることができます。

【おすすめ問題集】
Ｊｒ・ウォッチャー14「数える」、19「お話の記憶」、38「たし算・ひき算１」、39「たし算・ひき算２」、43「数のやりとり」

家庭学習のコツ②　「家庭学習ガイド」はママの味方！

問題演習を始める前に、試験の概要をまとめた「家庭学習ガイド（本書カラーページに掲載）」を読みましょう。「家庭学習ガイド」には、応募者数や試験課目の詳細のほか、学習を進める上で重要な情報が掲載されています。それらの情報で入試の傾向をつかみ、学習の方針を立ててから、対策学習を始めてください。

問題26　分野：図形（図形の構成）

〈準　備〉　クーピーペン（赤）

〈問　題〉　上の形を作るのに、1つだけ使わない形があります。その形に○をつけてください。

〈時　間〉　各30秒

〈解　答〉　下図参照

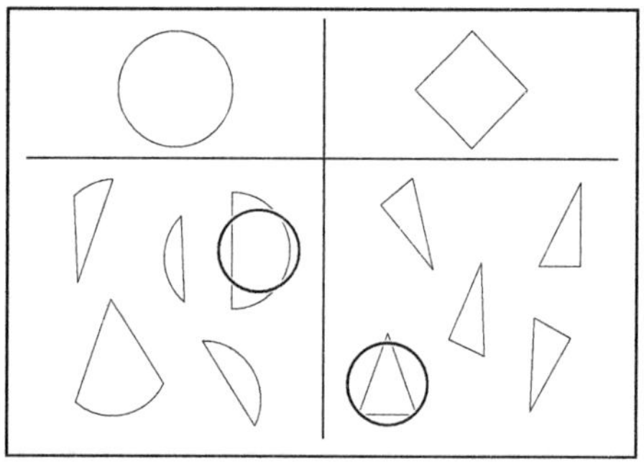

［2022年度出題］

アドバイス

今までの問題と比べ、難易度が高い問題となっています。こうした問題が正解できるかどうかで、合否が別れます。このようなパズルの問題は、まず、一番大きな形をはめてみて、空いた空間に、残りの形がはまるかどうかを見ていくと、解きやすいと思います。左の問題を例に説明しますと、右上に半円の形があります。この形を上の形に当てはめたあと、残った4つで空いた空間を埋めることができるかどうかを見ていきます。残った形をよく見ると、左側上下2つの形は長さが直径と同じです。2つの形の長さが直径と同じということは、あまったスペースにこの2つの形が入らないことが分かります。このようにして考えると、半円が解答だと分かると思います。しかし、これはあくまでも、大人だからこそ説明ができることです。お子さまは、言葉だけで理解するのは難しと思いますから、実際に形を切り取り、操作することをおすすめいたします。

【おすすめ問題集】

Ｊｒ・ウォッチャー45「図形分割」、54「図形の構成」

問題27　分野：複合（鏡図形、運筆）

〈準 備〉　クーピーペン（赤）

〈問 題〉　左の絵を鏡に映すと、どのように見えますか。右に描いてください。

〈時 間〉　各1分30秒

〈解 答〉　下図参照

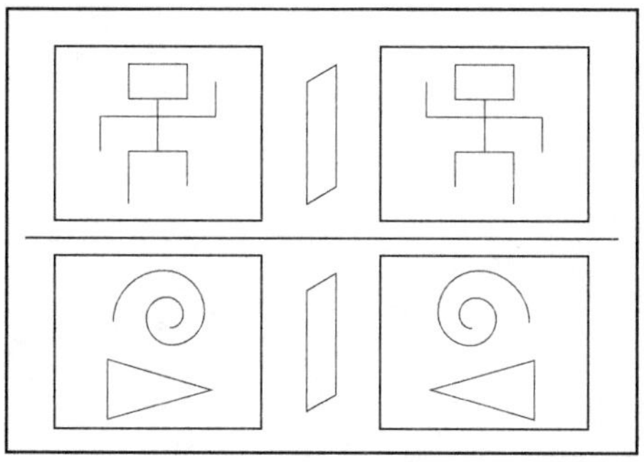

［2022年度出題］

アドバイス

鏡に映すと、左右が逆になることが把握できているでしょうか。把握した上で問題に取り組めているかが大切です。図形の問題を解くには、論理的思考力が必要ですが、この論理的思考力を言葉だけで強化しようとしても難しいと言わざるを得ません。その強化におすすめしているのが、答え合わせをお子さま自身にさせることです。例えば、この問題なら、実際に鏡を持ってきて、左の絵の横に鏡を置きます。するとそこには解答が映ってますから、自分の解答が正解か不正解かが分かります。その上で、どうしてこうなるのかなどを、お子さまとお話しましょう。間違えたときは、どこがどう違うのか、お子さまに言わせてください。お子さま自身で法則を発見させるように仕向けていき、最後の一番大切なところはお子さまに言わせるようにしてください。自分で発見したのと、説明を聞いたのとでは、お子さまの習得に大きな違いが生じます。

【おすすめ問題集】

Ｊｒ・ウォッチャー48「鏡図形」、51「運筆①」、52「運筆②」

問題28　分野：数量（系列）

〈準 備〉　クーピーペン（赤）

〈問 題〉　サイコロが、ある約束で並んでいます。空いているところには、どのサイコロがくるでしょうか。下から選んで○をつけてください。

〈時 間〉　各30秒

〈解 答〉　下図参照

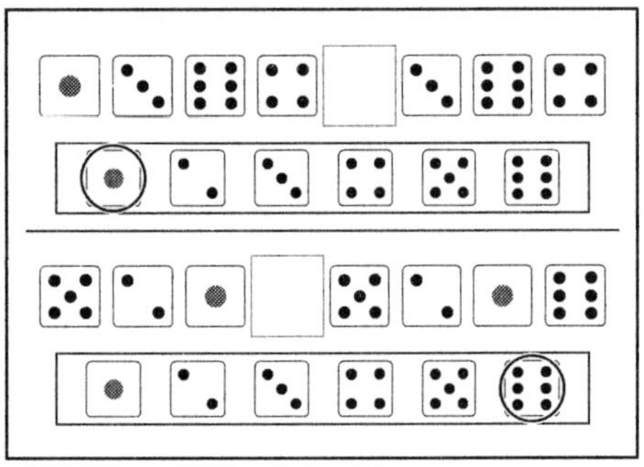

［2022年度出題］

アドバイス

系列の問題ですが、特に難しい問題ではありません。系列の問題としては基本問題の部類に入りますから、この問題も両方とも正解してほしいと思います。系列の問題は、両手を使用して解く方法と、頭の中で音にして解いていく方法が一般的ですが、後者の場合、頭の中で音にする練習をしてください。声に出して問題を解くお子さまがいますが、実際に入試のときに声を出して解いていると、先生から注意を受けます。試験の時に、先生から注意を受けると、お子さまはドキドキして、平常心で臨むことが難しくなると思います。そうならないためにも、普段の学習時から、声に出さずに解く練習を取り入れてください。両手を用いる方法は、すでに多くの方が取り入れていると思いますが、中には両手が使用できない問題もあります。そのため、両手を使うことばかりに慣れないで、試験前には、並んでいる順番が論理的に発見できるように練習しましょう。

【おすすめ問題集】

Ｊｒ・ウォッチャー６「系列」

問題29　分野：記憶（お話の記憶）

〈準備〉　クーピーペン（赤）

〈問題〉　これからお話をします。よく聞いて、後の質問に答えてください。

りかちゃんとみさちゃんは、ダンスを習っています。発表会があるので、毎日練習をしていました。りかちゃんは、片方の手を横にしてから、ジャンプをして、しゃがみます。みさちゃんは、片方の手を上に上げてから、ジャンプをして、立つという振り付けを、先生から教えてもらいました。今日も練習が終わると、二人は近くの公園でおしゃべりをしてから帰りました。次の日、りかちゃんは、練習中に手を怪我してしまい、そのあとの練習は、お休みでした。みさちゃんはとても心配でした。先生から、りかちゃんのダンスを、みさちゃんが代わりに踊るように言われました。練習の時はいっしょに踊っていたので、りかちゃんのダンスは知っていましたが、とても不安でした。でも、りかちゃんのためにも踊ることにしました。発表会では、最後まで踊ることができました。踊り終わったみさちゃんの顔は、とてもよい笑顔でした。

（問題29－１の絵を渡す）
①みさちゃんが、りかちゃんの代わりに踊ったダンスは、どんな振り付けでしたか。その絵に○をつけてください。
（問題29－２の絵を渡す）
②踊り終わった時のみさちゃんの顔は、どんな感じでしたか。その顔に○をつけてください。

〈解答〉　①左上　②左端（笑顔）

［2022年度出題］

アドバイス

問題には二人の登場人物がいて、それぞれの踊りが異なります。お話を聞き、二人の踊りがしっかりと把握できたでしょうか。問題では、りかちゃんのダンスを踊ったみさちゃんはどれかと問われています。つまり、りかちゃんのダンスを解答すれば答えになるのですが、このあたりの整理がしっかりとできていたでしょうか。それがきちんと記憶できていないと、設問①の問題は難しいと思います。設問①で混乱してしてしまったお子さまは、設問②はすんなりと解答ができたでしょうか。設問①で熟考してしまったため、他の記憶が飛んでしまった、ということはよくあることです。そうならないためにも、しっかりとお話を聞き、覚えるように練習を重ねましょう。先にも触れましたが、お話の記憶は読み聞かせの量に比例すると言われています。そのため、学習以外の場でも読み聞かせの機会を設け、記憶力の向上に努めましょう。

【おすすめ問題集】
1話5分の読み聞かせお話集①・②、お話の記憶 初級編・中級編・上級編、
Ｊｒ・ウォッチャー19「お話の記憶」

問題30　分野：数量（数を分ける）

〈準備〉　クーピーペン（赤）

〈問題〉　**この問題の絵は縦に使用してください。**
上の見本を見てください。お皿に、バナナ１本、サクランボ４個、イチゴ３個があります。見本と同じように下のくだものをお皿にのせます。くだものをのせたお皿をできるだけたくさん作ると、それぞれのくだものはいくつ余りますか。余った数を、右の□に○で書きましょう。

〈時間〉　各30秒

〈解答〉　バナナ４　サクランボ４　イチゴ２

［2022年度出題］

アドバイス

この問題も数に関する問題ですが、今度は、複数の物を決まった数で分配した後の余った数が問われています。他の問題とは少し違いますが、基本は同じです。この問題を見ると、バナナが７本あります。すると、最大で７皿に配ることが可能です。同じように見ていくと、サクランボは16個あるので、最大で４皿に配れます。そしてイチゴは11個ありますから、３皿に配ることができます。配れるのが一番少ないのがイチゴですから、それに合わせると３皿分盛り合わせることが可能です。そして、残りが余りだというのが分かると思います。このように２段階の思考を踏めば、とくに問題なく解くことができますが、これを一度に考えるようとすると、頭の中が混乱して、解答時間内に答えることができないということもあり得ます。焦らず、確実に解くことを心がけましょう。

【おすすめ問題集】
Ｊｒ・ウォッチャー40「数を分ける」、43「数のやりとり」

問題31　分野：推理（シーソー）

〈準備〉　クーピーペン（赤）

〈問題〉　上の段を見てください。どちらのシーソーも釣り合っています。下の段で、同じように釣り合っていたり、正しく傾いているシーソーはどれですか。○をつけてください。

〈時間〉　１分

〈解答〉　下図参照

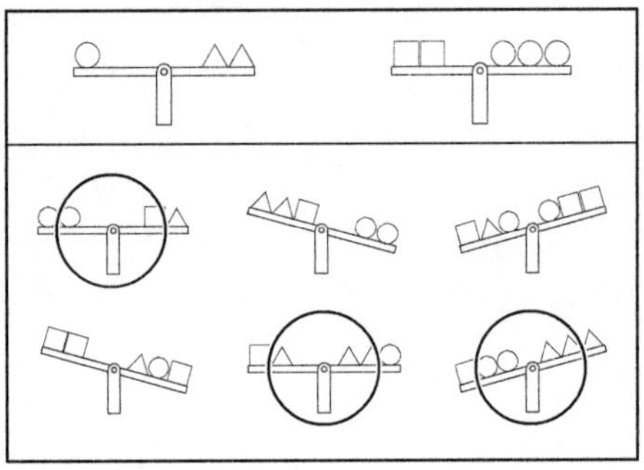

アドバイス

シーソーの中で、釣り合っているという条件は、難易度が高くなります。まずは、シーソーの基本である、重たい方が下がり、軽い方が上がるということが、しっかりと理解できているでしょうか。そして、上に示されている釣り合う条件から、重さの比較ができているでしょうか。まずはこの２つを確認してください。このような問題の場合、共通している形を置き換えてしまいます。この問題では、○が共通して描かれています。ですから、右のシーソーの○を△に置き換えると、△は６個になることが分かります。すると、□１つと△３つが同じ重さで、○１つと△２つが同じ重さと、シンプルになります。ここまで置き換えると、後は、選択肢の比較は容易になると思います。この問題で大切なことは、比較が簡単にできるようになるまで、シンプルにできるかどうかということです。これは置き換えの問題と共通していることですから、合わせて学習をするとよいでしょう。

【おすすめ問題集】

Ｊｒ・ウォッチャー15「比較」、33「シーソー」

［2022年度出題］

問題32　分野：行動観察（巧緻性）

〈準備〉　Ａ４の紙（左右に絵を描いておく、見本参照）、はさみ、のり、
Ｂ４の紙、ウエットティッシュ、ビニール袋２枚、
粘土（袋に入れておく）、紙皿、鉛筆３本、輪ゴム１本、ノート２冊、
箱（ノートが入る大きさ）

〈問題〉　この問題の絵は縦に使用してください。

①絵が描いてある紙（Ａ４の紙）を真ん中で折って、折ったところを、線に沿って切ってください。そして、切った２枚を重ねて、上の部分にのりをつけて貼り合わせましょう。
②大きい紙（Ｂ４の紙）を半分に折り、開いて、右側の上の部分に先ほど貼り合わせた絵を貼ってください。
③大きい紙を折り線で閉じれば、本のできあがりです。終わったらウエットティッシュで手を拭いて、拭いた紙を、ビニール袋に入れてください。袋は口をしっかり結んでください。
④鉛筆３本、輪ゴム１本、ノート２冊を、この箱の中に入れて、整理してください。
⑤袋から粘土を出して、同じ大きさの丸いお団子を、たくさん作りましょう。作ったお団子は、お皿に並べてください。終わったらウエットティッシュで手を拭いて、拭いた紙を、ビニール袋に入れてください。袋は口をしっかり結んでください。

〈時間〉　５分

〈解答〉　省略

［2022年度出題］

家庭学習のコツ③　効果的な学習方法～問題集を通読する

過去問題集を始めるにあたり、いきなり問題に取り組んではいませんか？　それでは本書を有効活用しているとは言えません。まず、保護者の方が、すべてを一通り読み、当校の傾向、ポイント、問題のアドバイスを頭に入れてください。そうすることにより、保護者の方の指導力がアップします。また、日常生活のさまざまなことから、保護者の方自身が「作問」することができるようになっていきます。

アドバイス

巧緻性の問題の場合、何を作ったかが気になると思いますが、大切なことは、何を作ったかより、何をしたかです。そして、丁寧に作業が行えたか、指示された工程をしっかりと理解して指示通り行えたか、道具の扱いはどうだったのか、などをチェックしてください。巧緻性のテストでは、できあがった結果も大切ですが、その結果に至るまでのプロセスも大切になってきます。しかも、巧緻性は、練習をしたからといって、急には上達しません。毎日少しずつ、練習を重ねていくことが大切です。また、練習しながら、正しい道具の使い方、終わった後の道具の置き方や片付け、ゴミの始末、床に落ちたゴミを拾うことなども、一緒に教えてください。これらは、試験に無関係のことではなく、入学試験では採点対象として観られます。そういう意味では、巧緻性のテストでは、幅の広い対策が求められるといっても過言ではありません。

【おすすめ問題集】

実践ゆびさきトレーニング①・②・③、

Ｊｒ・ウォッチャー25「生活巧緻性」、29「行動観察」

問題33　分野：行動観察（巧緻性）

〈準備〉　なし

〈問題〉　線に沿って手でちぎって、ヘビを作ってください。

〈時間〉　１分30秒

〈解答〉　省略

［2022年度出題］

アドバイス

ちぎりといえば、筑波大学附属小学校が有名ですが、ちぎりは小学校受験では必須の項目の一つです。ちぎりは速く、丁寧に行うことが求められますが、スピードを意識すると「ちぎる」が「破く」になってしまいます。この「ちぎる」と「破く」が違うことを、しっかりと理解しましょう。ちぎりは、親指と親指が離れず、くっついたまま少しずつ動かし、ちぎっていきます。そのため、親指が離れてしまった時点で「ちぎり」ではなく、「破く」行為になります。また、この問題では線が書いてありますから、この線にそって丁寧にちぎることが大切になります。そして、終わった後、残った方のゴミはきちんと片付けられたでしょうか。こうした巧緻性に関する問題は、作るだけでなく、終わった後の片付けまでが採点基準だと認識してください。それも普段からしているお子さまの動作と、試験対策で習得したお子さまとでは、動作が違います。試験官はこのような細部に渡ることも重要視していることを理解し、日常生活に落とし込んで対策をとりましょう。

【おすすめ問題集】

実践 ゆびさきトレーニング①・②・③、Ｊｒ・ウォッチャー29「行動観察」

問題34　分野：行動観察（巧緻性）

〈準 備〉　50cm程の紐３本、クリアファイル１枚、
いろいろな大きさの紙９枚（バラバラにして箱に入れておく）、
クリアファイルが入る大きさの封筒

〈問 題〉　この問題の絵はありません。
①１本の紐に、玉結びを５つ作ってください。３本の紐すべてに、それぞれ５つずつ玉結びを作ってください。
②箱の中の紙をすべてクリアファイルに入れてから、クリアファイルを封筒に入れてください。

〈時 間〉　①２分　②30秒

〈解 答〉　省略

［2022年度出題］

アドバイス

50cmの紐に玉結び５つという指示です。あらかじめ間隔を予想して結びはじめないと、最後の方になって結ぶのが大変になります。しかも、１本の紐に５つの結び目を結ぶということを、３本しなければなりません。お子さまは、１本終わったとき、すぐに２本目に取りかかれたでしょうか。また、解答時間を考えると、改めて結び直しということは難しいと思います。そのため、こうした問題の時は、できあがりを想像して、初めに、見立てをしてから取り組むことが大切になります。木を見て森を見ずでは、上手くできません。普段からこうした意識が持てるようにしましょう。また、クリアファイルに紙を入れ、封筒に入れる作業は、スピード、かつ、丁寧さが求められます。どちらの問題にしても、焦らず、丁寧に取り組むことを忘れないでください。

【おすすめ問題集】
実践ゆびさきトレーニング①・②・③、Ｊｒ・ウォッチャー25「生活巧緻性」、29「行動観察」、30「生活習慣」

問題35　分野：行動観察・運動

〈準 備〉　ボール、棒２本、新聞紙、うちわ、風船

〈問 題〉　この問題の絵はありません。
①右足をあげて左足で立ちます。次に、右足を、そのままうしろにまっすぐのばし、両手を横に広げてください。（飛行機のポーズ）
②ケン、パーをします。ケンの時は手を１回たたいてください。パーの時は手を横に広げてください。これを繰り返しやりましょう。やめと言われたときはきをつけをしましょう。
③（２人１組で行う）
ここにあるものを使って、ボール運びをします。まず２人で、何を使って運ぶかを相談してください。相談したら、ボールを運んでください。
④新聞を使って、２人で風船を運んでください。
⑤うちわを使って、２人で風船を運んでください。

〈時 間〉　10分

〈解 答〉　省略

［2022年度出題］

アドバイス

いくつかの指示行動が出題されています。全体を通して、指示をしっかりと聞き、意欲的に取り組むことが求められています。それぞれの設問のポイントを書いておきますので、参考にしてください。設問①は、指先まで意識をすること、バランス感覚がしっかりとしていることです。このポーズは、小学校受験ではよくあるものの一つですから、しっかりと練習しましょう。設問②は、ケン、パーは、「ケン、パー」といいながら動作をすることはあると思いますが、言葉と動作が違う場合、頭の中で混乱して上手くできないということはよくあります。さまざまなバリエーションで、楽しみながら練習をしましょう。設問③～⑤は共同作業になります。意見を出し、相手の意見を聞き、ボールや風船を運んでいきます。初めてのお友達と一緒に行うのは大変だと思いますが、だからこそ、どのように取り組むのかが観られる問題となります。この問題も正解はありませんから、いろいろな意見を出して、協力して、一生懸命取り組みましょう。

【おすすめ問題集】
新運動テスト問題集、Ｊｒ・ウォッチャー28「運動」、29「行動観察」

問題36　分野：行動観察

〈準備〉　水族館の絵、（大きな模造紙に描かれた）遊園地の絵、（遊園地の乗り物などの絵が描かれた）カード、広場の絵

〈問題〉　この問題の絵はありません。

この問題は、５人一組で行います。

・（水族館の絵を見せる）まず、お友だちと相談して、この水族館の名前を決めましょう。次に、水族館で、自分が育てたい生き物を２匹決めてください。その生き物の名前をお友だちに発表してから、みんなで遊びましょう。
・遊園地の絵（床に置いてある）にカードを置いて、遊園地を完成させましょう。
・広場の絵（貼ってある）を見て、みんなでリックに何を入れて持って行くか相談をして、ピクニックごっこをしましょう。

〈時間〉　10分

〈解答〉　省略

［2022年度出題］

アドバイス

この問題の設問で共通していることは、「みんなで相談して」ということです。このような問題になると、自分の意見を通すために、強引に話を進めるお子さまや、逆に意見を出さない消極的な姿勢のお子さまは、どちらも好ましくはありません。また、最初に貼ったり、描いたりするお子さまは、後から行うお友達のことを考慮して作業を行う必要があります。いきなり真ん中から始めてしまったら、後のお友達が困ってしまうこともあります。そういうことを回避するために、事前の話し合いにおいて、どのようにするかを、大まかに話し合えるとよいと思います。自分が終わったら終わりではなく、終わった子は、これから作業をするお友達のサポートをしたり、ゴミを集めたりなど、できることはあります。こうした積極的に関わる姿勢も大切です。

【おすすめ問題集】
Ｊｒ・ウォッチャー29「行動観察」、56「マナーとルール」

問題37　分野：記憶（お話の記憶）

〈準 備〉　鉛筆（赤・青）

〈問 題〉　これからお話をします。よく聞いて、後の質問に答えてください。

みのるくん、とうこちゃん、つとむくんは、昨日公園のジャングルジムで楽しく遊びました。楽しかったので、みのるくん、とうこちゃん、つとむくんは、翌日も公園で遊ぶことにしました。翌日の朝、とうこちゃんが公園に行くと、みのるくんが、花が咲いているサクラの木の下で話しかけて来ました。「今日は『だるまさんの１日』をして遊ぼう」。とうこちゃんはその遊びを知らなかったので「『だるまさんの１日』って何？」と聞きました。「『だるまさんの１日』は誰かが『だるまさん』になる。ほかの人はその人が言ったとおりにするという遊びだよ」と言いました。とうこちゃんはそれでもよくわからなかったので「まず、みのるくんが『だるまさん』になってよ」と言いました。「わかったよ。じゃあ行くよ」みのるくんは少し離れた芝生の上に座ると「『だるまさん』は座ったよ」と言いました。横にいたつとむくんが座ったので、とうこちゃんも座りました。その後、みのるくんが「『だるまさん』はあくびをした」と言ったのであくびをしました。そして、「『だるまさん』は眠りました」と言ったので寝そべりました。しばらくして「これでおしまい」とみのるくんは言い、「これを繰り返すという遊びだよ」。とうこちゃんは少し面白くなってきたので「今度は私が『だるまさん』になる」と２人に言いました。

（問題37の絵を渡す）
①とうこちゃんたちは昨日何で遊びましたか。絵に赤鉛筆で○をつけてください。
②「だるまさんの１日」でだるまさんは最後に何をしますか。青鉛筆で○をつけてください。
③お話の季節と同じ季節のものを選んで、絵に赤鉛筆で○をつけてください。
④お話に出てきた人は何人ですか。その数だけ青鉛筆で○を書いてください。

〈時 間〉　各30秒

〈解 答〉　①右端（ジャングルジム）　②左から２番目（寝そべる）
③右から２番目（こいのぼり）　④○３つ

［2021年度出題］

アドバイス

「だるまさんの１日」という遊びを説明したお話が題材になっています。あまり小学校受験では聞かないタイプのお話なので、驚いたお子さまも多かったのではないでしょうか。ただし内容としてはそれほど難しくはないので、前述のようにストーリーのポイントを押さえられればそれほど苦労はしなかったはずです。もし、お子さまが難しかったというなら、「情報を整理しながらお話を聞く」という方法を試してみてください。難しいことではありません。例えば「みのるくんが寝転んだ」という文章が読まれたら、それを復唱するだけでよいのです。復唱するだけで、場面がイメージでき、情報が整理されるので、お話の内容が記憶に残るようになります。

【おすすめ問題集】
１話５分の読み聞かせお話集①・②、お話の記憶ベスト30、お話の記憶過去類似編、お話の記憶 初級編・中級編・上級編、Ｊｒ・ウォッチャー19「お話の記憶」、34「季節」

問題38　分野：数量（積み木）

〈準備〉　鉛筆（赤）

〈問題〉　同じ数の積み木を線でつないでください。

〈時間〉　30秒

〈解答〉　下図参照

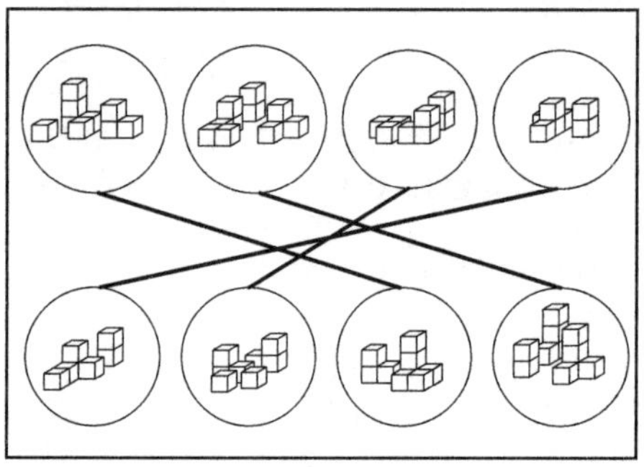

［2021年度出題］

アドバイス

積み木の数をかぞえるという基本的な数量分野の問題です。当たり前の話ですが、積み木を絵の通り並べれば、答えはすぐに、誰にでもわかります。ではなぜ、わざわざ問題になっているかと言うと、絵になると積み木を指折りかぞえただけでは答えが出なかったり、もしくは勘違いしてしまったりするからです。勘違いするとすれば、「ほかの積み木の陰に隠れた積み木をかぞえ忘れる」ことです。単純なかぞえ間違いはこれしかありません。落ち着いてかぞえるのはもちろんのことですが、答えを出した後にもう一度、かぞえ忘れがないか確かめてみましょう。

【おすすめ問題集】

Ｊｒ・ウォッチャー14「数える」、16「積み木」、44「見えない数」

問題39　分野：推理（シーソー）

〈準備〉　鉛筆

〈問題〉　上の段を見てください。四角のようにシーソーが釣り合っています。下の段で同じように釣り合うシーソーを選んで、○をつけてください。

〈時間〉　1分

〈解答〉　下図参照

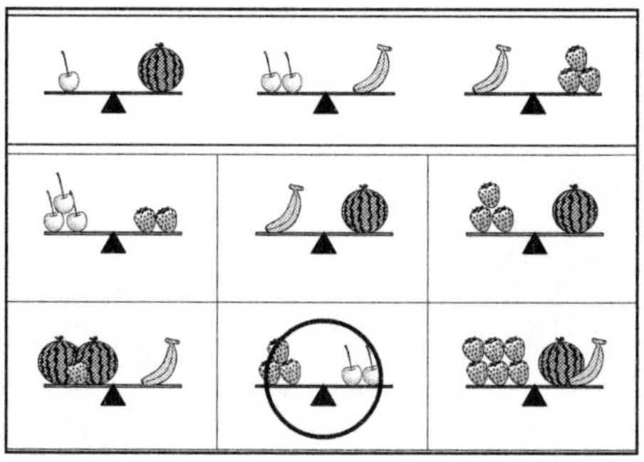

［2021年度出題］

アドバイス

シーソーの問題は、当校入試では時折出題されるので、基本的な考え方は頭に入れておきましょう。それほど複雑なことではありません。①基準になるものを決める（この時シーソーに登場している回数が多いものにすると、わかりやすくなります）。②ほかのものを基準にしたものに置き換える。③比較する。これだけです。この問題では、①上の四角のシーソーにサクランボが２回登場しているのでサクランボを基準にします。②シーソーを見るとサクランボ＝スイカ、サクランボ２個＝バナナとなっているので、この関係で置き換えます。③下の四角にあるスイカやバナナをサクランボに置き換えて比較します。慣れてくるとすぐに答えがわかるようになりますが、それまではステップを踏んで答えを出すようにした方がよいでしょう。ケアレスミスが減ります。

【おすすめ問題集】
Ｊｒ・ウォッチャー33「シーソー」

問題40　分野：言語（言葉の音）

〈準備〉　鉛筆（赤）

〈問題〉　この中で音が３つのものには○、６つのものには△をつけてください。

〈時間〉　各30秒

〈解答〉　下図参照

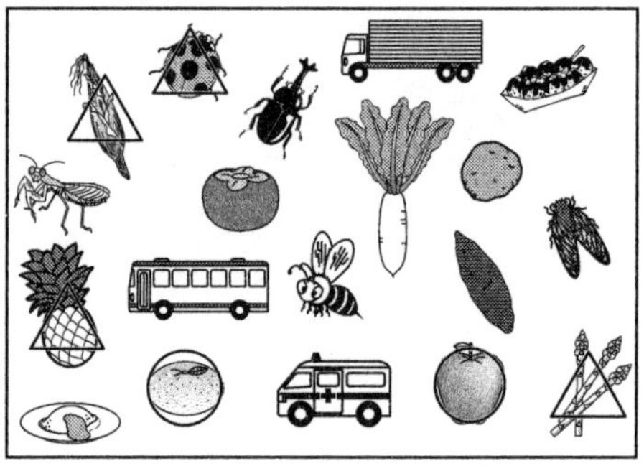

［2021年度出題］

アドバイス

基本的な言葉の音に関する問題です。指示を守って答えるようにしましょう。特に注意することはありませんが、記号を取り違えたりしないようにしてください。なお、一昨年の私立小学校入試では、言語分野の出題が増えていました。社会情勢的なこともあるのでコミュニケーションが重視されたのかもしれません。何にせよ、言語とそれを使うコミュニケーションは、入学後にもっとも必要になってくるものです。受験対策の学習としてだけでなく、将来の学習のためにも人と話すという経験を積んでおいた方がよいでしょう。

【おすすめ問題集】

Ｊｒ・ウォッチャー17「言葉の音あそび」、60「言葉の音（おん）」

問題41　分野：図形（図形分割）

〈準備〉　鉛筆（赤）

〈問題〉　描いてある形の中で８個の同じ形に分けられるものを選んで○をつけてください。

〈時間〉　１分

〈解答〉　下図参照

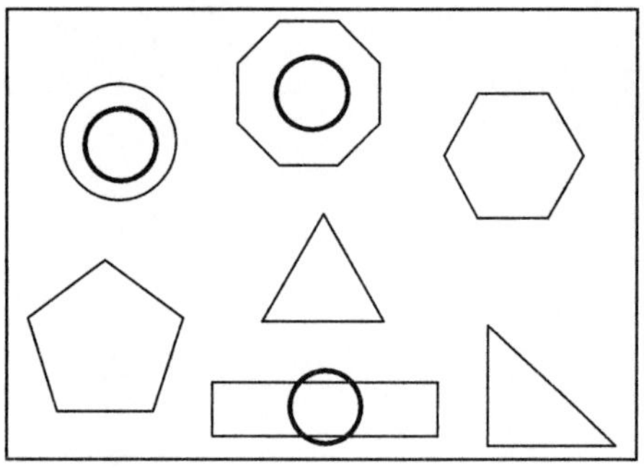

[2021年度出題]

アドバイス

シンプルですが、すぐには答えの出ない、よく考えられた問題です。まず聞かれているのは、「定規などを使わないで図形を８等分できるか」ということです。これは図形分野の問題をある程度やっておかないとパッとはわからなかったかもしれません。次に「８等分すること」＝「対角線などの補助線を引いて図形が８等分できるか」ということがひらめくかどうかです。これも図形分野の問題やタングラムのような図形パズルに親しんでいないと、なかなか思いつかないことでしょう。どうしてそうなるかという知識はこの段階では必要ないので、保護者の方が実際に補助線を引きながら、お子さまに説明してください。理解が深まります。

【おすすめ問題集】

Ｊｒ・ウォッチャー45「図形分割」

問題42　分野：制作

〈準備〉　紙粘土（白色のもの）

〈問題〉　この問題の絵はありません。
紙粘土を使って「生きもの」を作ってください。

〈時間〉　10分

〈解答〉　省略

[2021年度出題]

アドバイス

紙粘土を使った制作の課題です。「生きているもの」という指示はありますが、ほぼ自由制作と考えてよいでしょう。作品の出来については前問と同じく、それほど気を使う必要はありません。ただし、何が作ってあるかは、わかった方が質問に対して答えやすくなります。粘土や紙粘土で何かを作るという課題は時折出題されるので、１度練習しておきましょう。後片付けを含めて、その扱いを覚えることができます。

【おすすめ問題集】

実践 ゆびさきトレーニング①・②・③

問題43　分野：行動観察

〈準　備〉　濡らすとくっつくスポンジ（適宜）
※この問題は２人で行なう。

〈問　題〉　この問題の絵はありません。
相談してから、スポンジで家を作ってください。

〈時　間〉　適宜

〈解　答〉　省略

［2021年度出題］

アドバイス

風呂や台所で使われるスポンジで、少し水を含ませるとお互いがくっつくというものを使った課題だそうです。ポイントは「２人で相談してから」というところでしょう。どんな形でもよいので自分の意見を言い、相手の話を聞く、つまりコミュニケーションがとれるかというところが注目されているのです。当校の入試のペーパーテストは、基礎的な問題がほとんどで、対策を取っていればそれほど差が付くものではありません。それだけに、こうした課題でも学力以外の部分が評価されるので、「学力以外の部分に問題がないこと」、「年齢相応のものがあること」を見せておくべきでしょう。

【おすすめ問題集】

Ｊｒ・ウォッチャー29「行動観察」、実践ゆびさきトレーニング①・②・③

問題44　分野：面接（親子面接）

〈準 備〉　なし

〈問 題〉　この問題の絵はありません。

志願者への質問
・今日はここへどうやって来ましたか。
・１番仲のよいお友だちを教えてください。
・お友だちと何をして遊びますか。
・家族の好きなところを教えてください。
・お休みの日は何をしていますか。
・お手伝いはしていますか。
・家族で出掛けて楽しかったところはどこですか。
・何かスポーツはしていますか。
・嫌いな食べ物はありますか。

保護者への質問
・宣言発令後の生活で変化はありましたか。
・どのような形で働かれていましたか。
・志願理由をお聞かせください。
・子育てについて困ったことを聞かせてください。
・子どもが自分に似ているところはありますか。
・子育てでうまくいかないことはありますか。
・当校に通学する時、どういった経路を予定していますか。
・好き嫌いに関してはどのように教育されていますか。

〈時 間〉　約15分

〈解 答〉　省略

［2021年度出題］

アドバイス

例年通り２次試験で行われた面接です。保護者への質問より、お子さまへの質問の方が多い点も変わっていません。密を避けるという意味で、一昨年よりも人と人とのスペースは間が空いていたようですが、配置もほぼ変わらなかったようです。両親の働き方や環境、経済状態など、今年ならではの質問もあったようですが、概ね例年通りだったということです。家庭環境・教育方針・当校との相性など聞かれることは特に変わったものはないので、準備をしておけばスムーズに答えられるのではないでしょうか。なお、早稲田実業の校是「去華就実」、校訓「三敬主義」について聞かれることがあるようです。一応頭に入れておいてください。

【おすすめ問題集】
面接テスト問題集、保護者のための入試面接最強マニュアル

問題1

①②

2025年度　早稲田実業学校初等部　過去　無断複製／転載を禁ずる　　日本学習図書株式会社

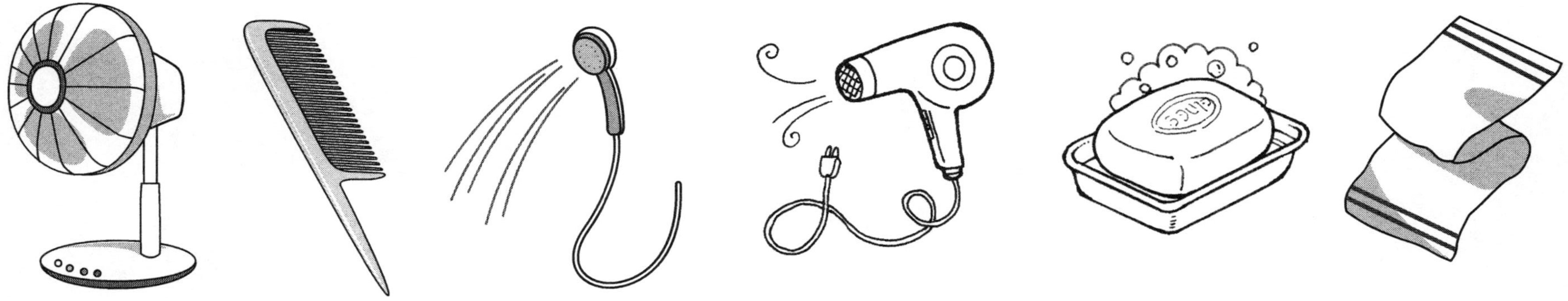

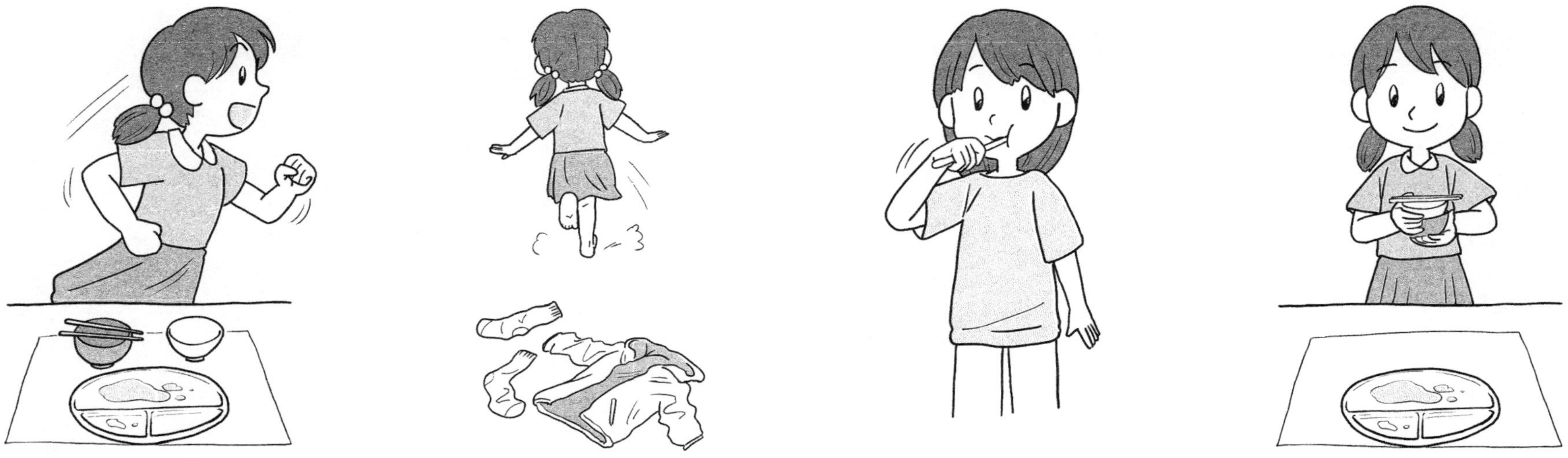

日本学習図書株式会社

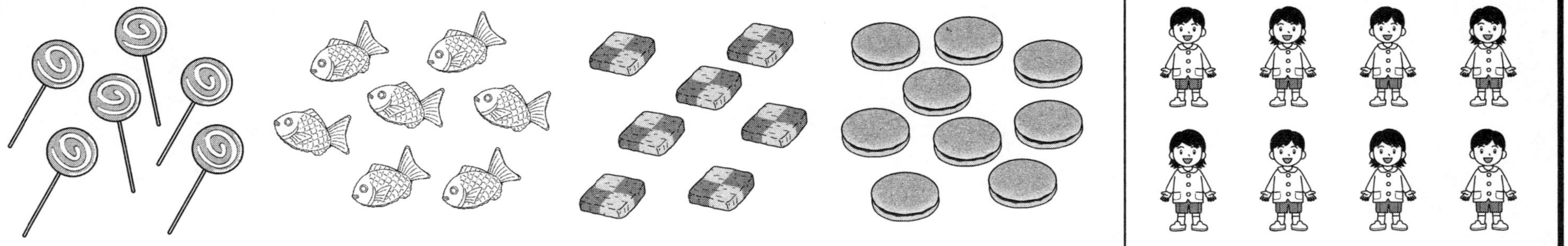

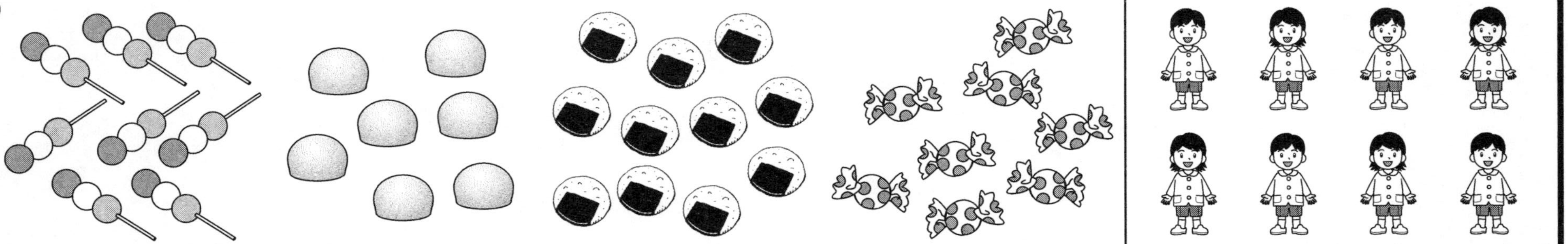

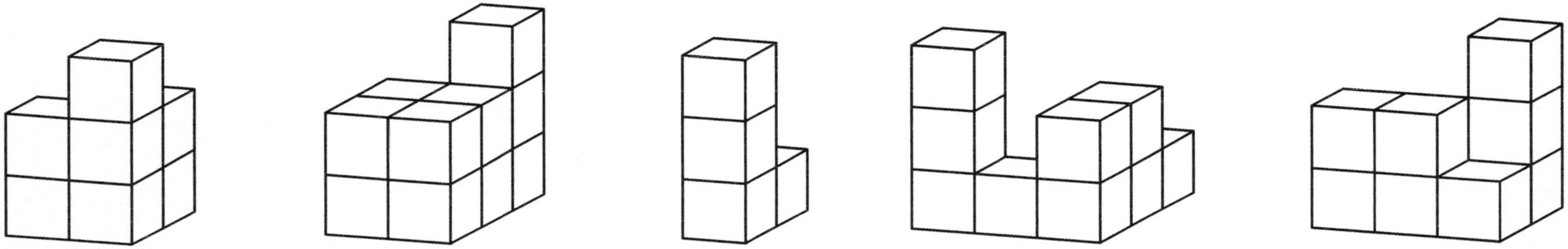

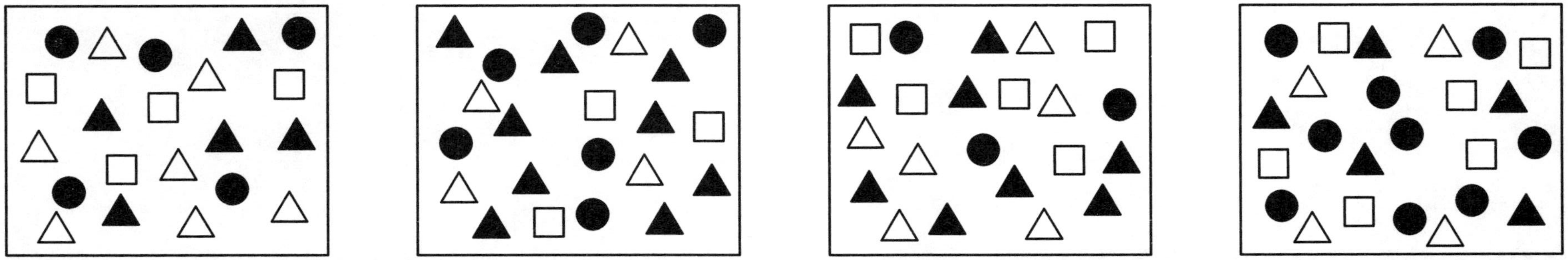

2025年度　早稲田実業学校初等部　過去　無断複製／転載を禁ずる　　日本学習図書株式会社

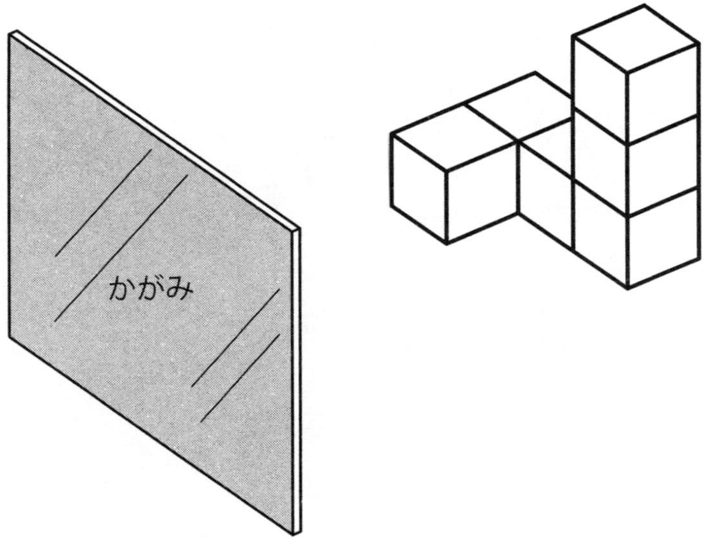

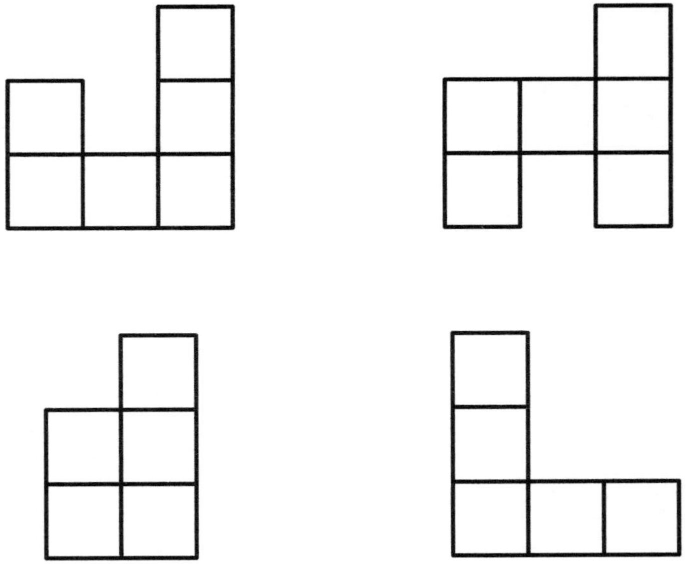

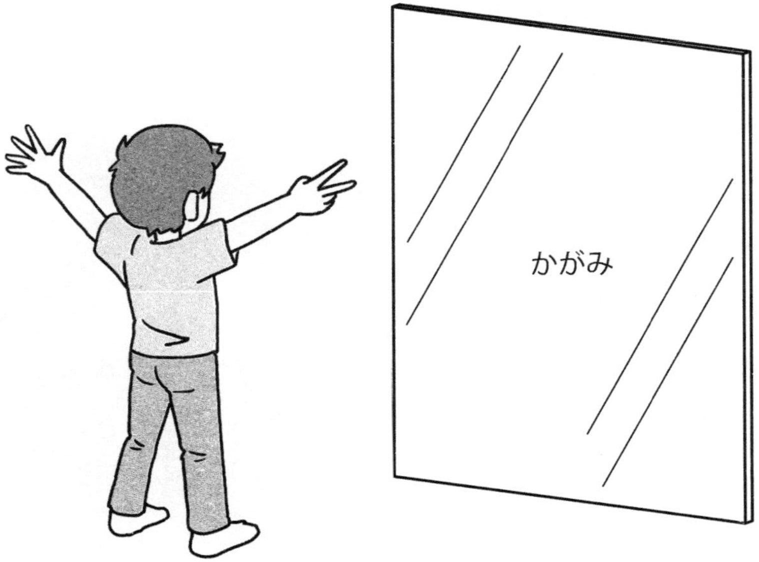

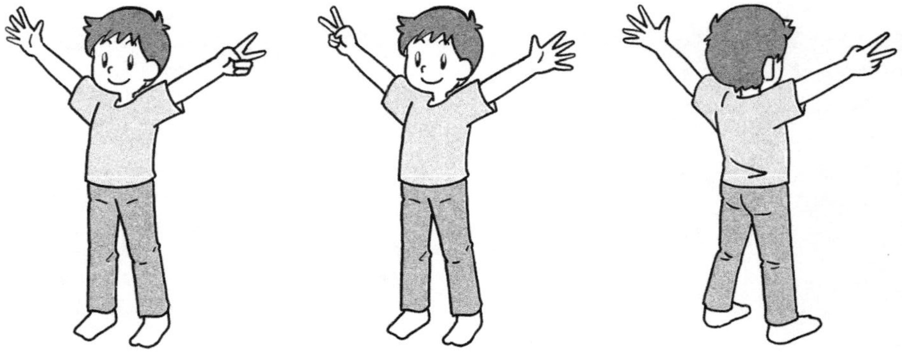

③

④

日本学習図書株式会社

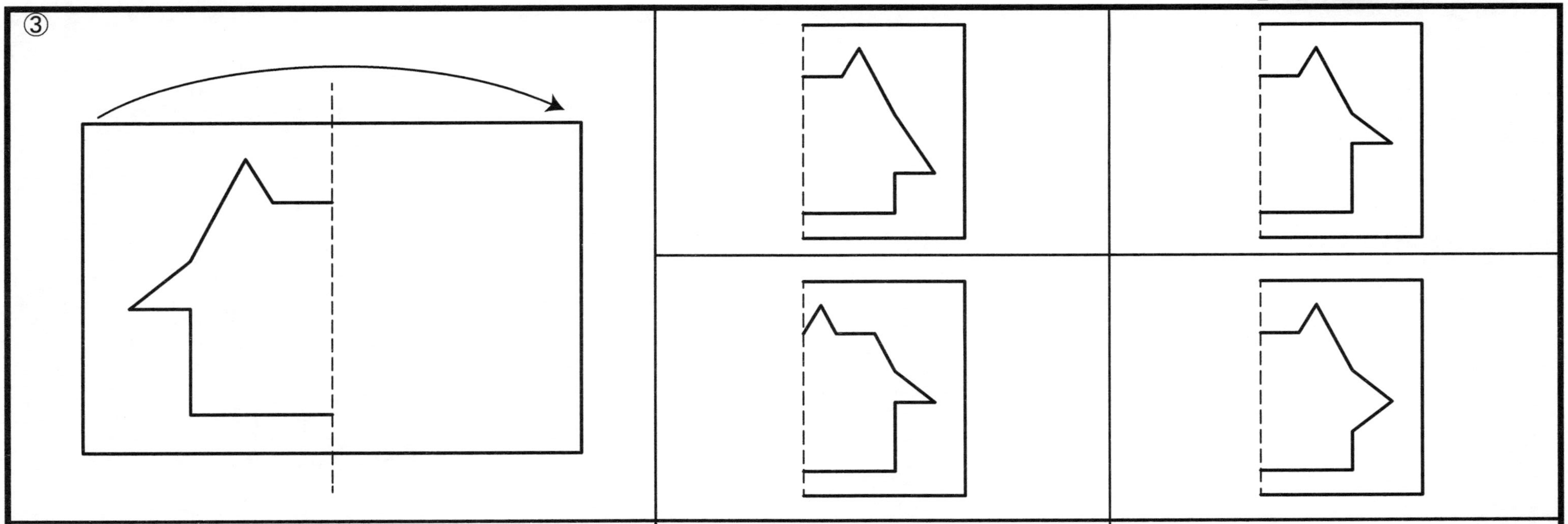

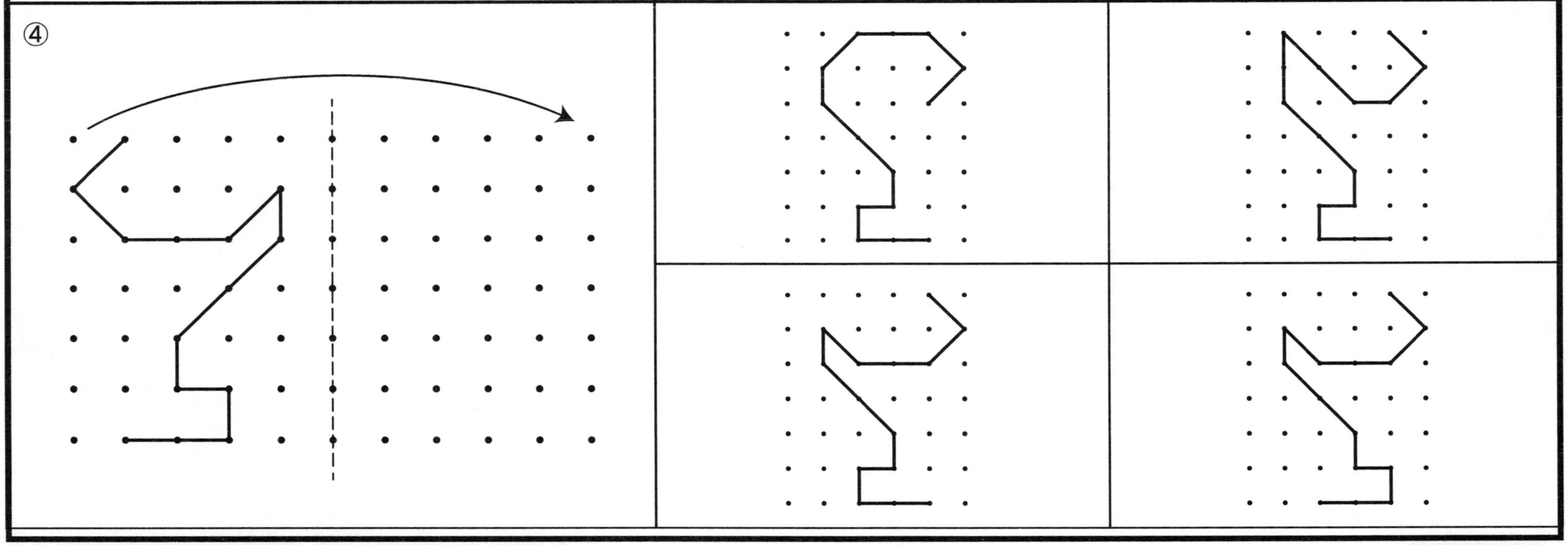

問題 **4**

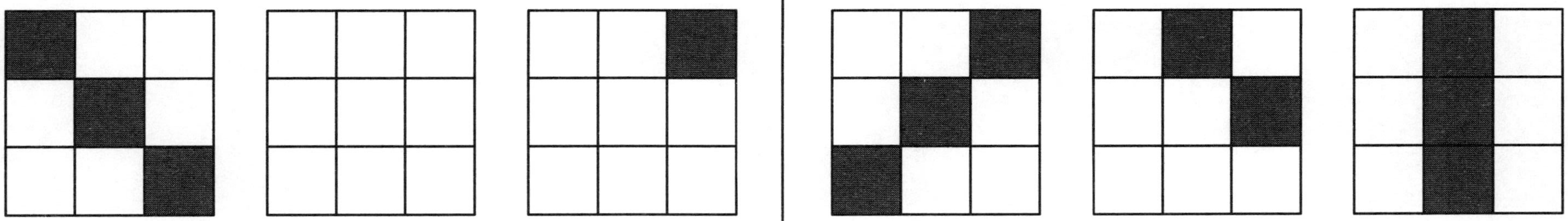

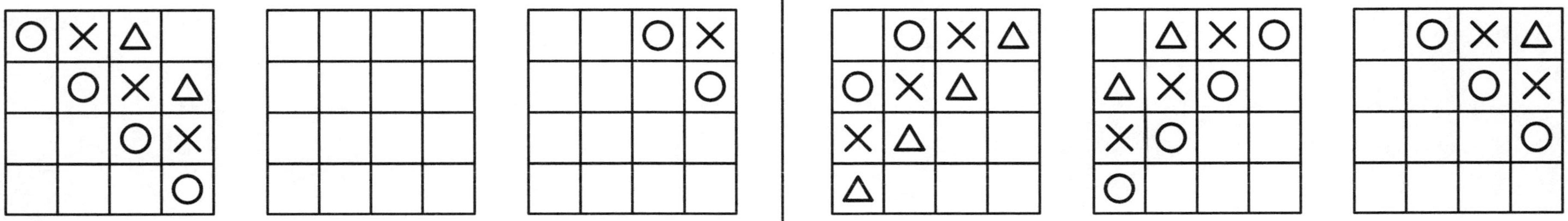

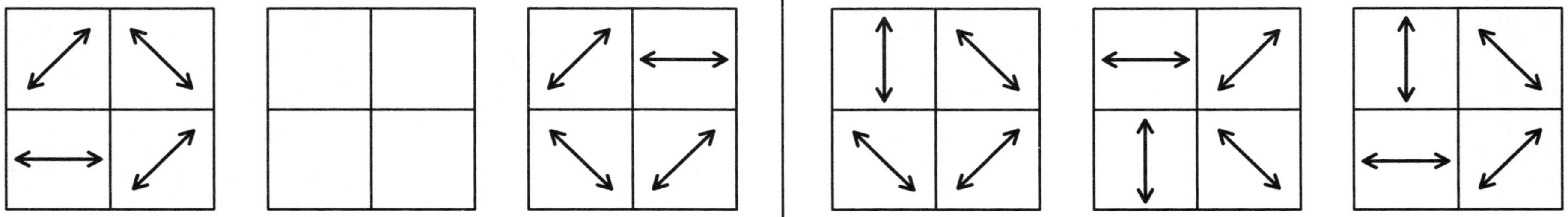

問題5

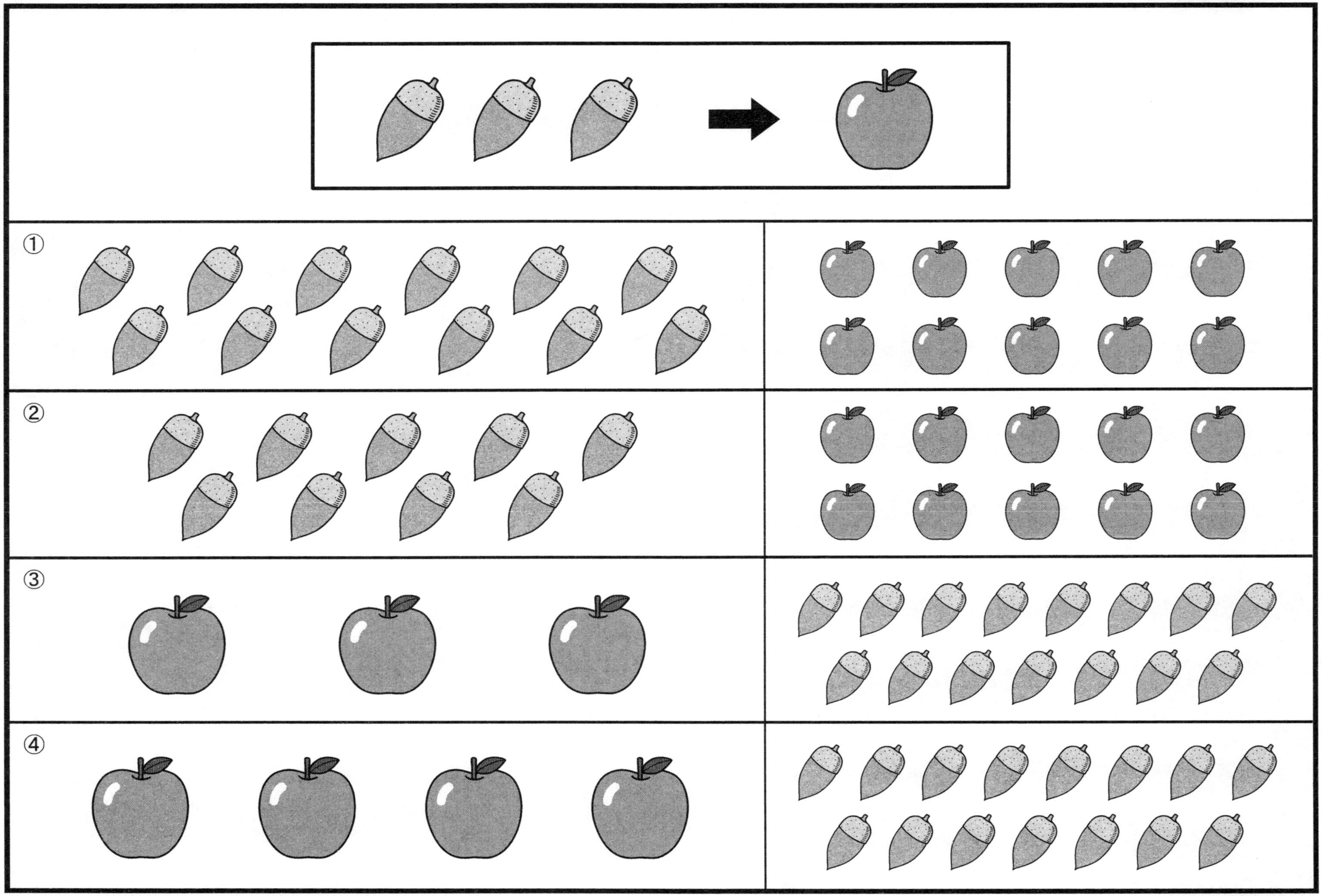

2025 年度　早稲田実業学校初等部　過去　無断複製／転載を禁ずる　日本学習図書株式会社

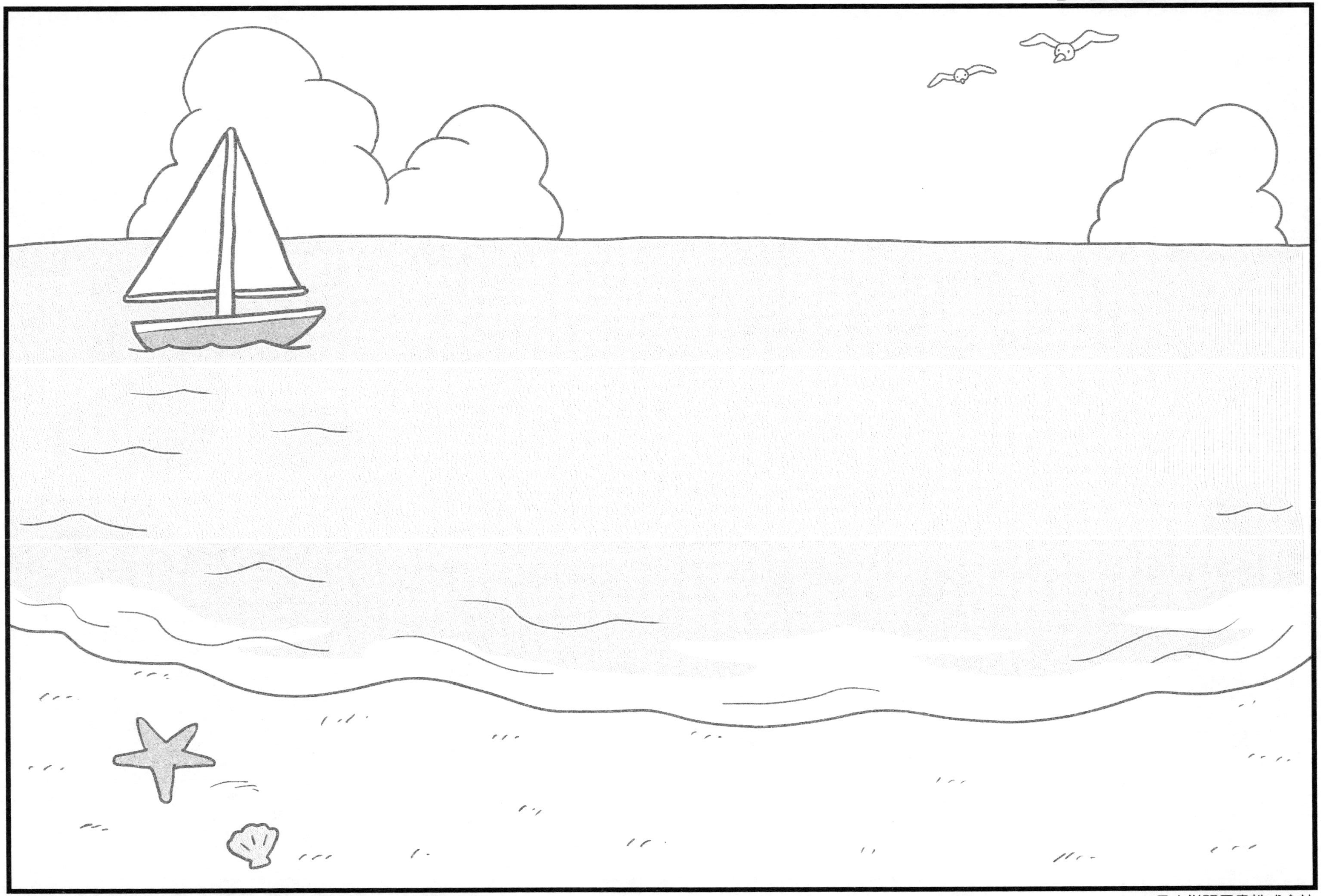

2025年度　早稲田実業学校初等部　過去　無断複製/転載を禁ずる　日本学習図書株式会社

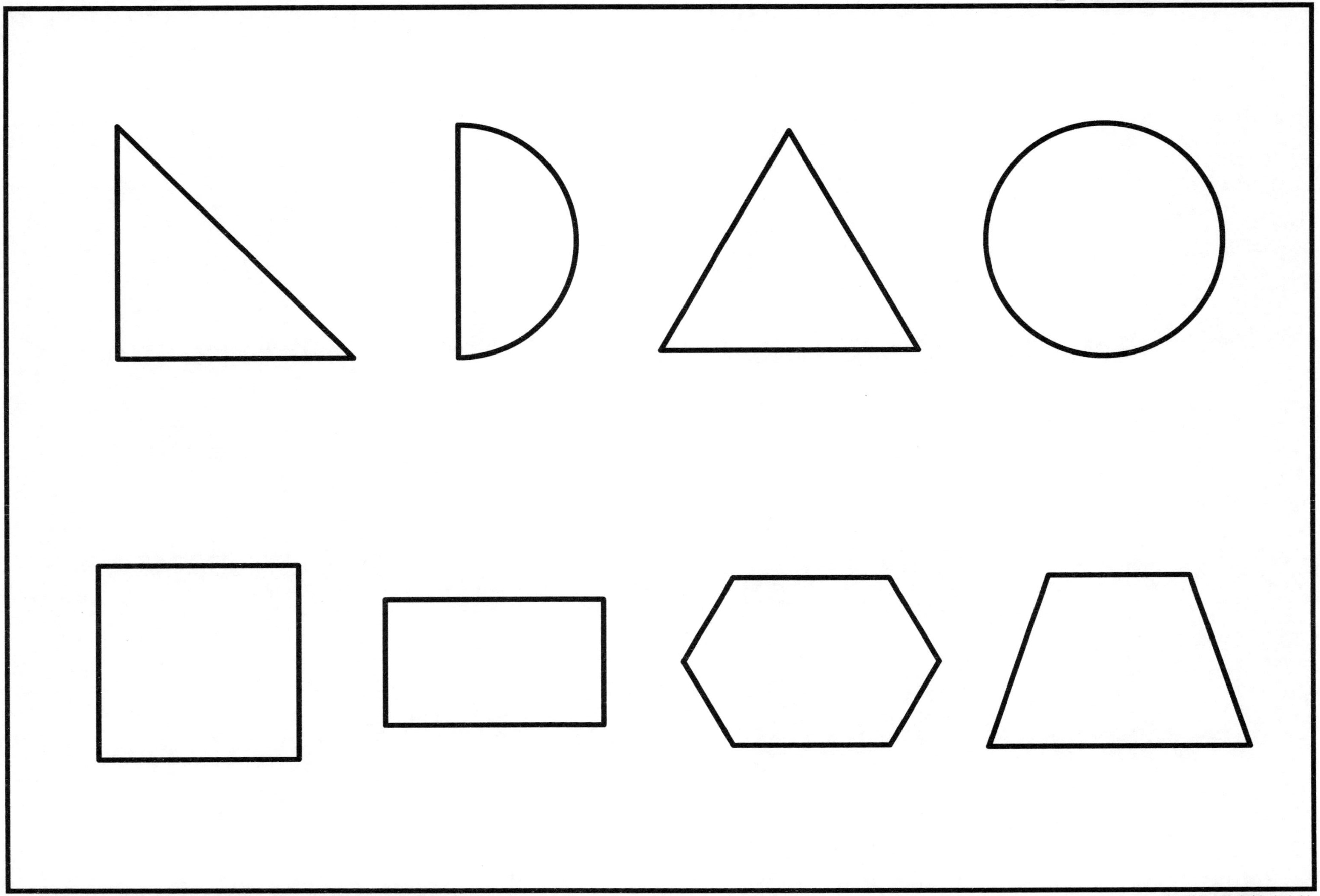

日本学習図書株式会社

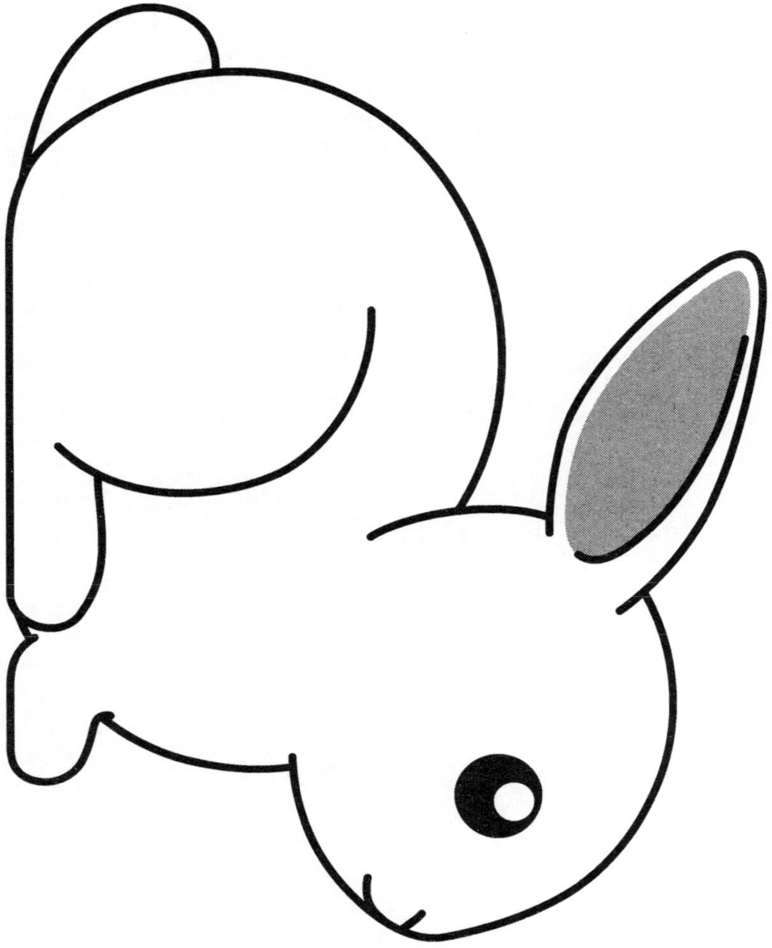

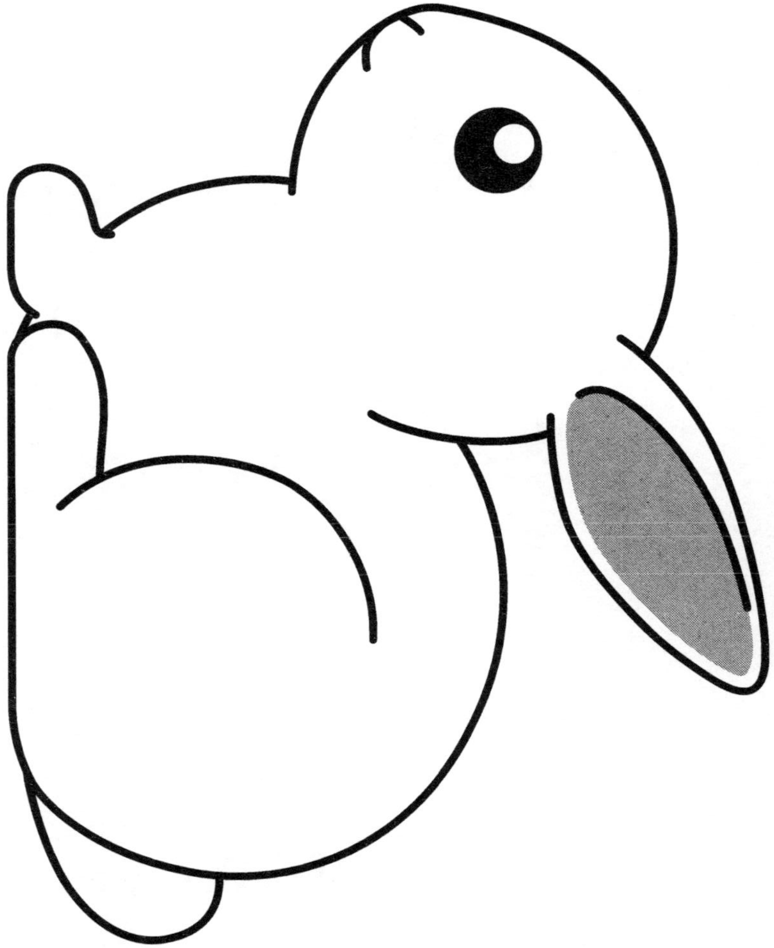

問題7－2

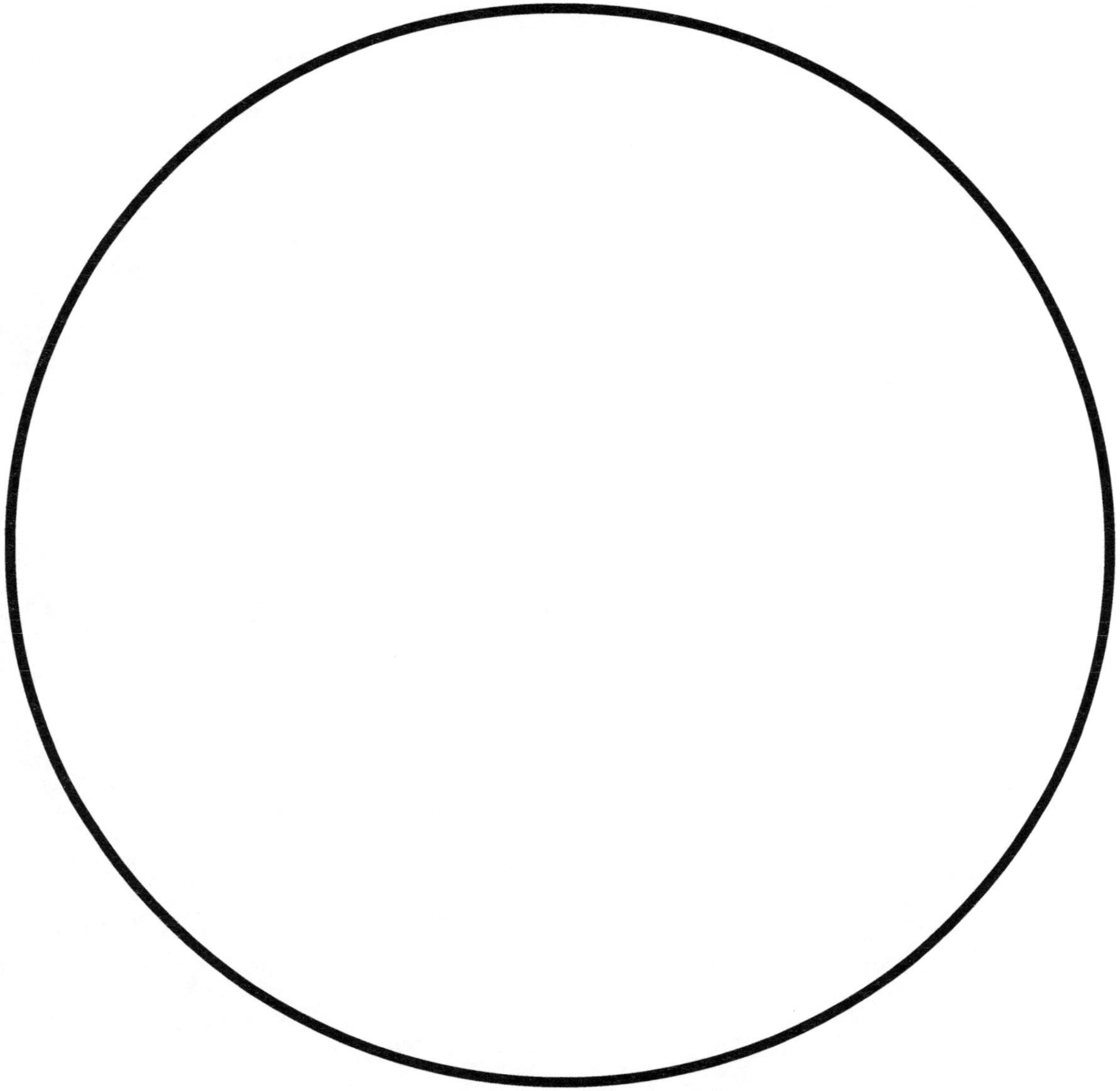

無断複製／転載を禁ずる

日本学習図書株式会社

問題１２

①

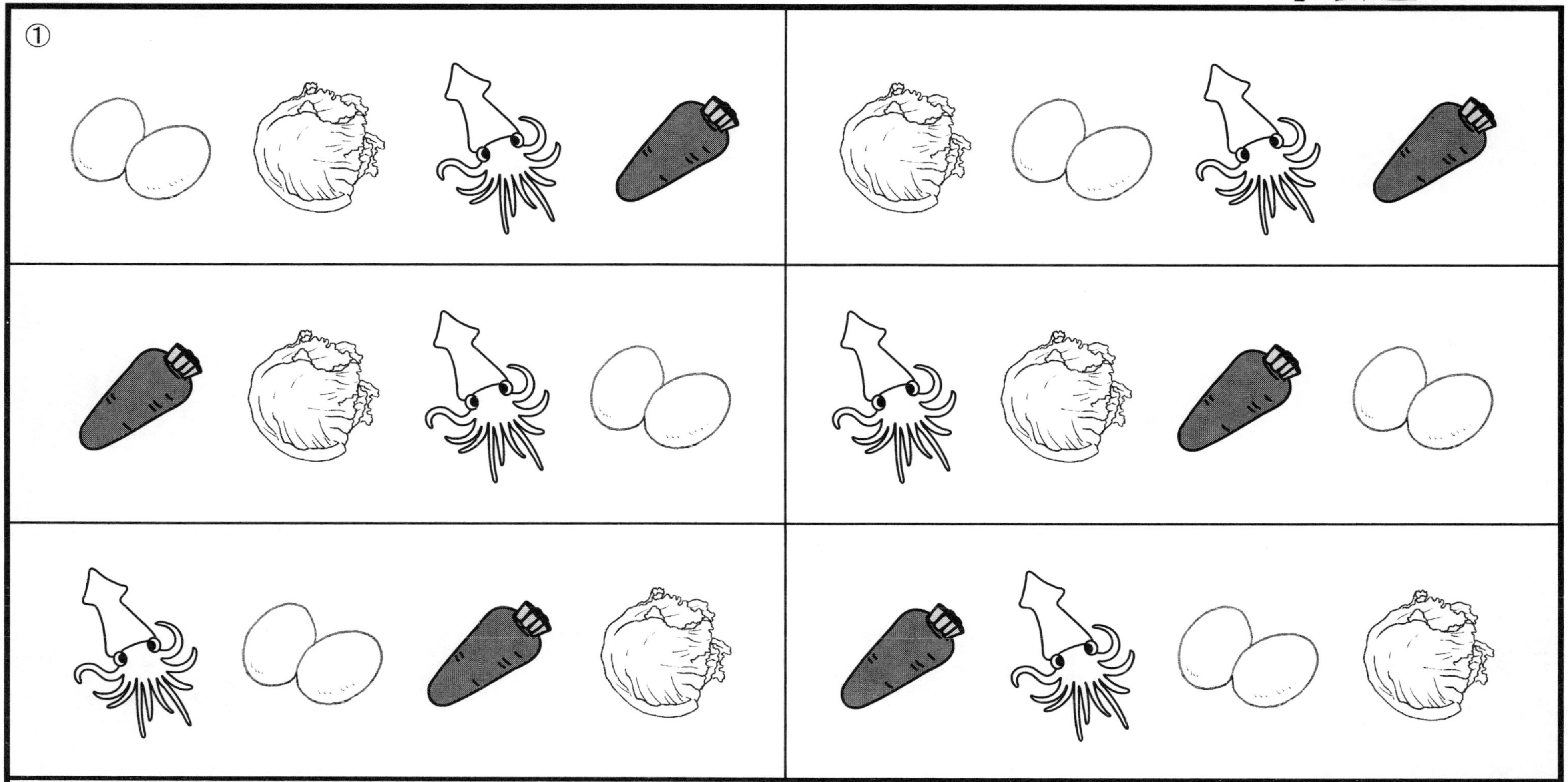

②

無断複製／転載を禁ずる

日本学習図書株式会社

日本学習図書株式会社

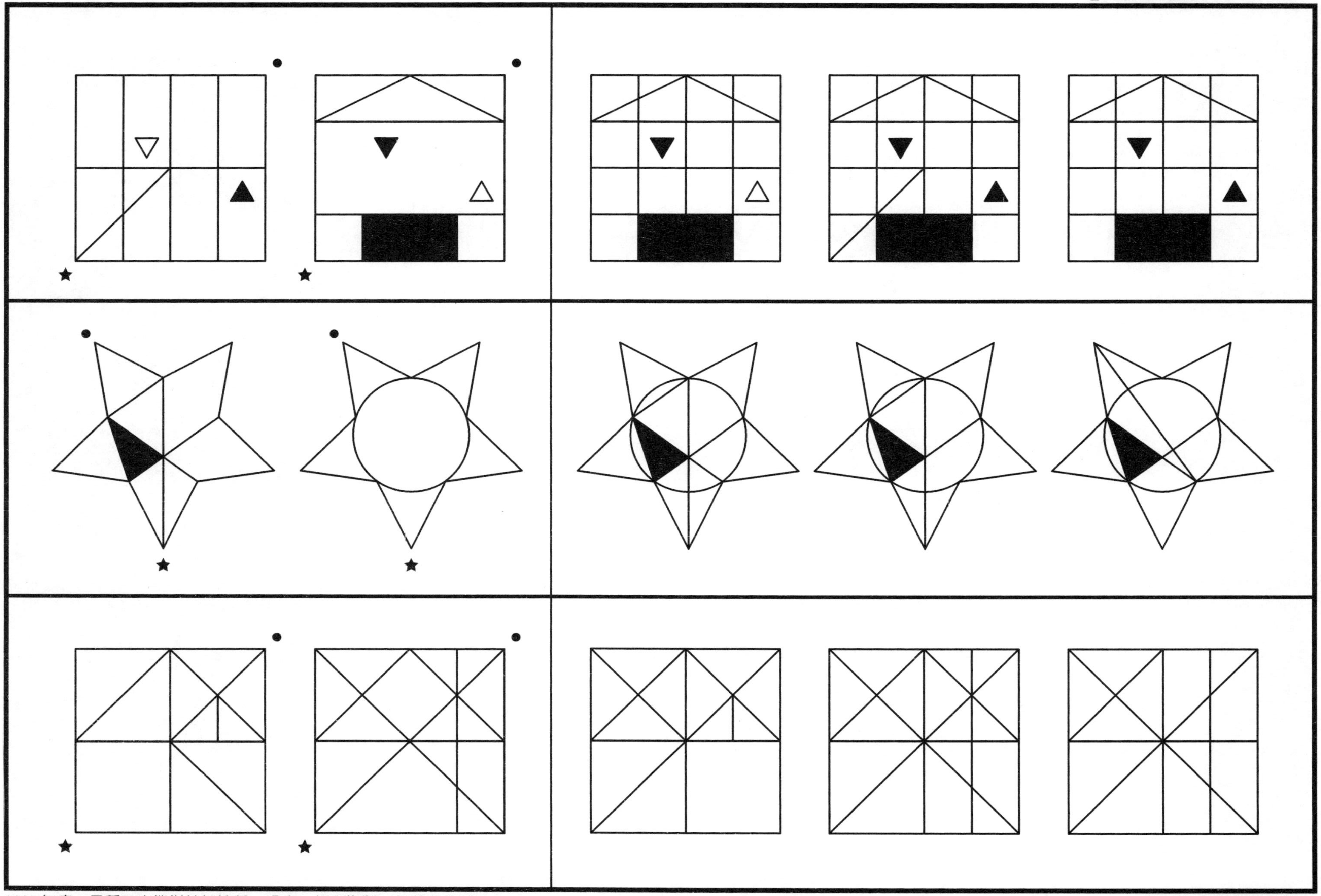

2025年度　早稲田実業学校初等部　過去　無断複製/転載を禁ずる　日本学習図書株式会社

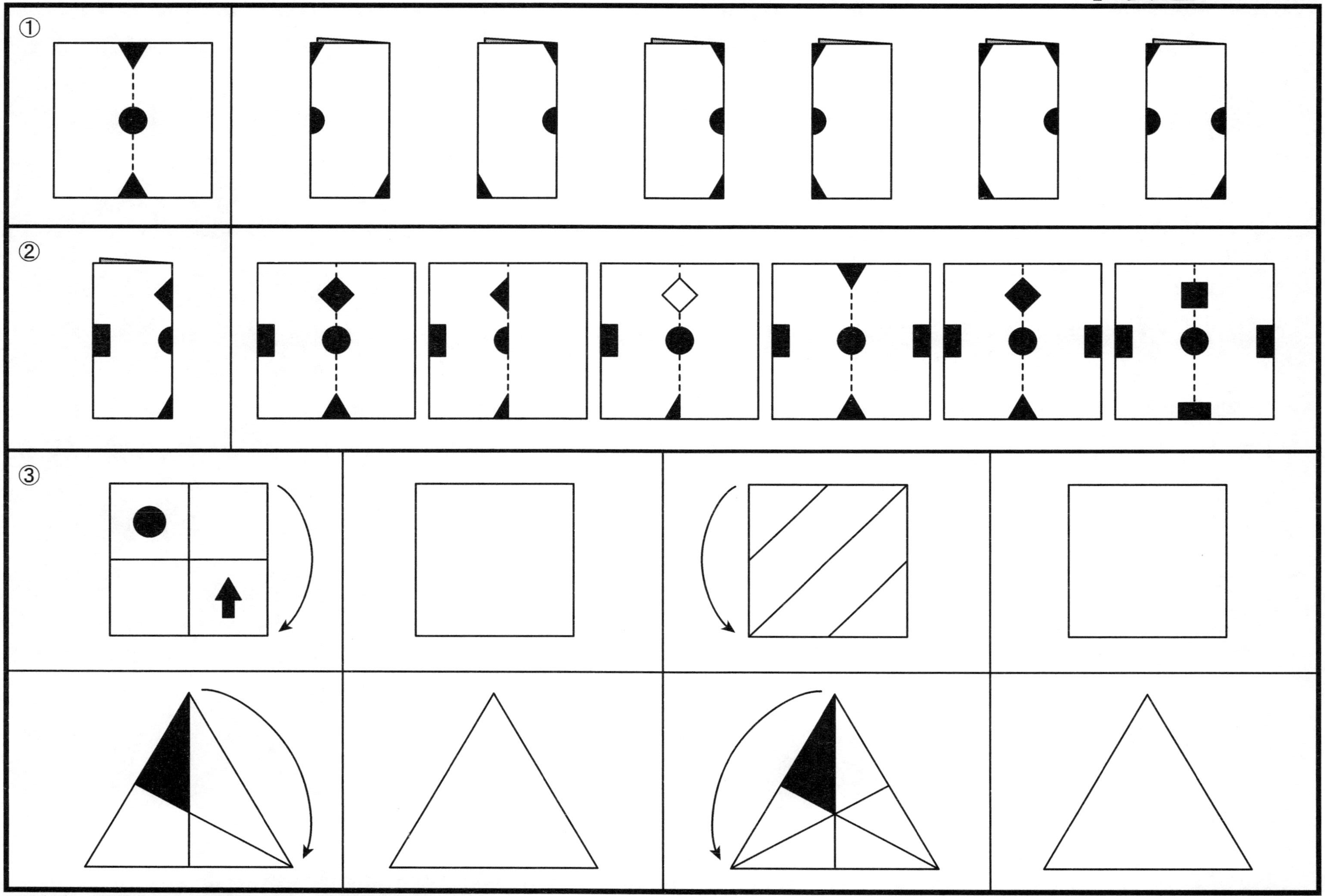

問題15

①

②

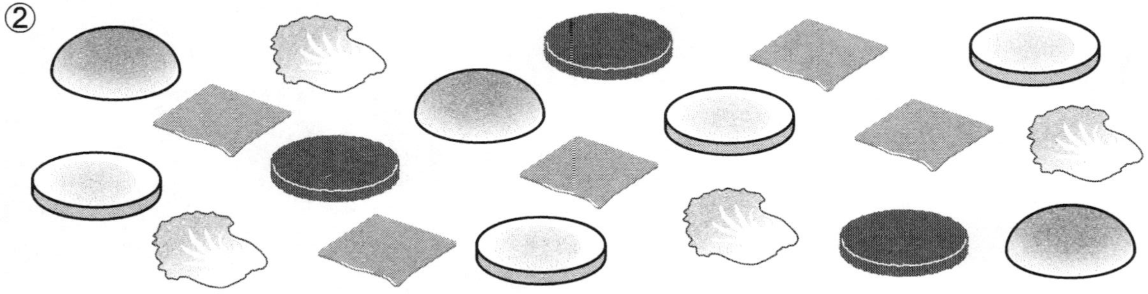

③

④

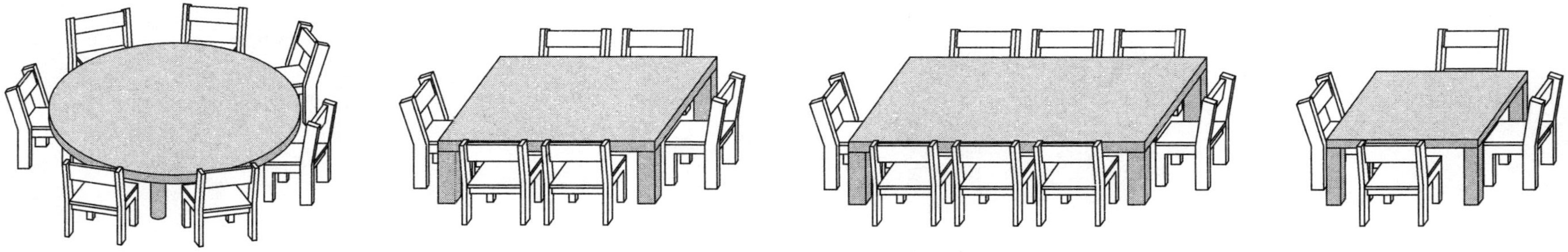

2025年度　早稲田実業学校初等部　過去　無断複製／転載を禁ずる

日本学習図書株式会社

2025 年度　早稲田実業学校初等部　過去　無断複製／転載を禁ずる　　　　　　　　　　　　　　　　　　　　　　　　　　　　　　　日本学習図書株式会社

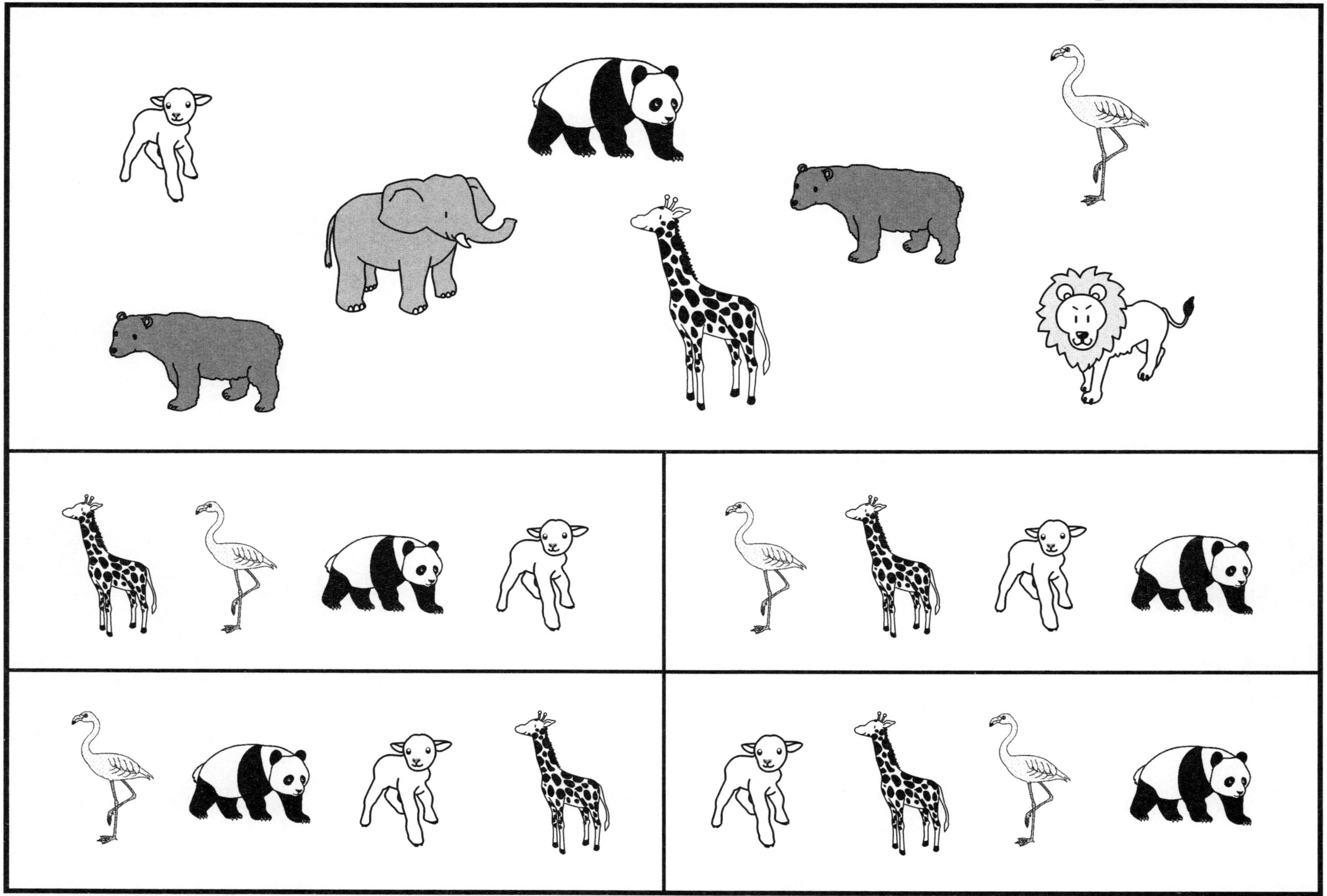

問題１７

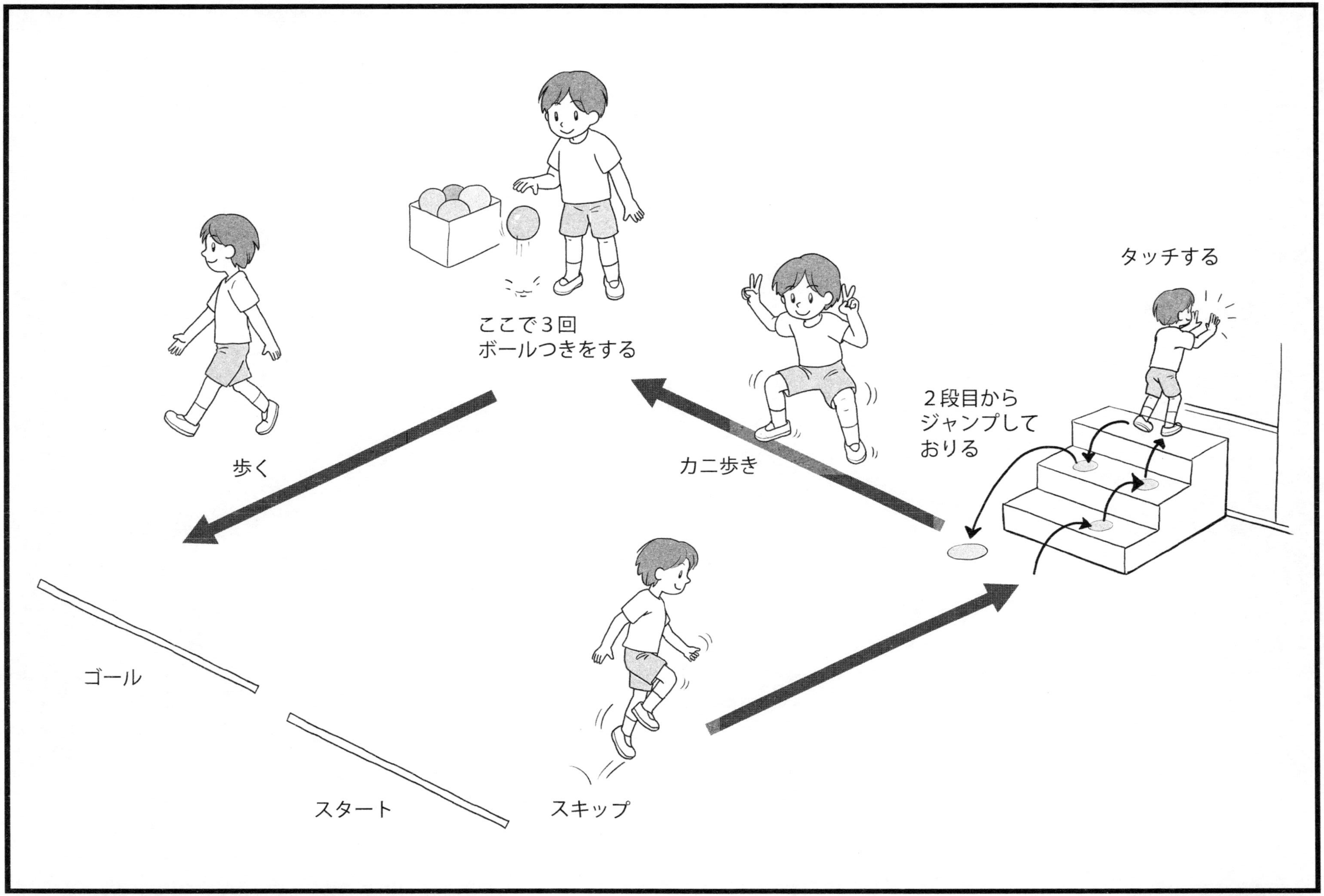

タッチする
2段目から
ジャンプして
おりる
カニ歩き
ここで３回
ボールつきをする
歩く
ゴール
スタート
スキップ

問題１８

まとあて

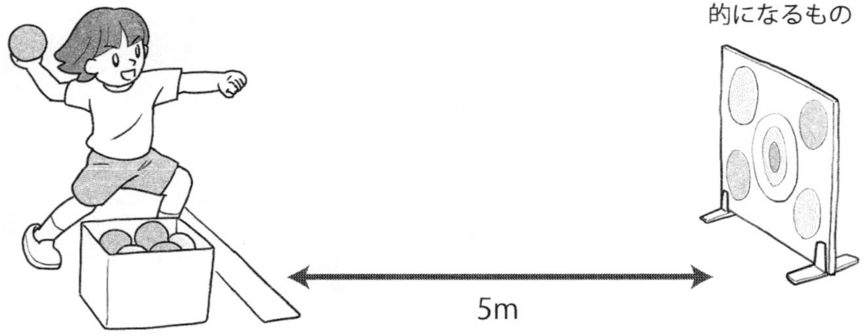

ボーリング

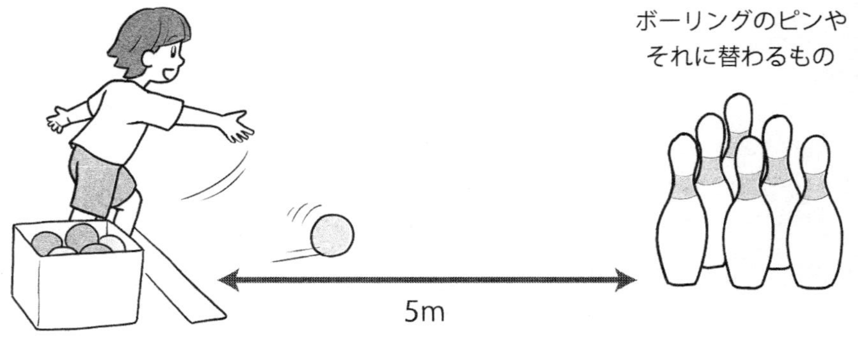

お店やさんごっこ

魚つり

金魚すくい

　無断複製／転載を禁ずる

日本学習図書株式会社

問題19

① ②

2025 年度　早稲田実業学校初等部　過去　無断複製／転載を禁ずる　日本学習図書株式会社

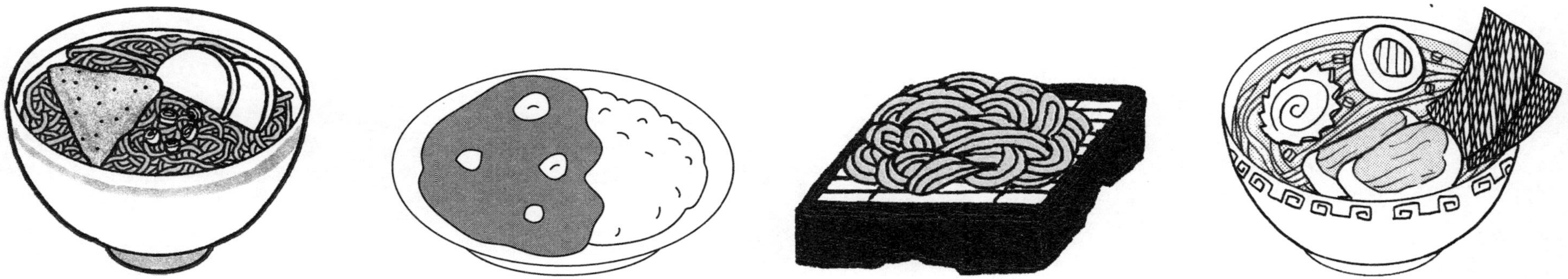

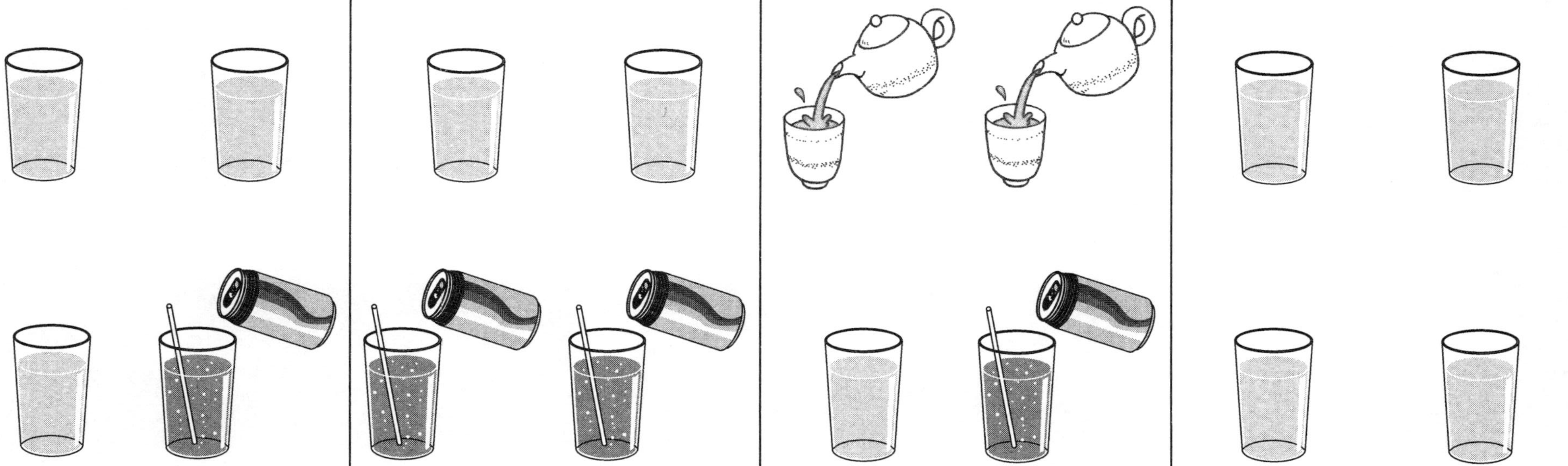

2025年度　早稲田実業学校初等部　過去　無断複製／転載を禁ずる　日本学習図書株式会社

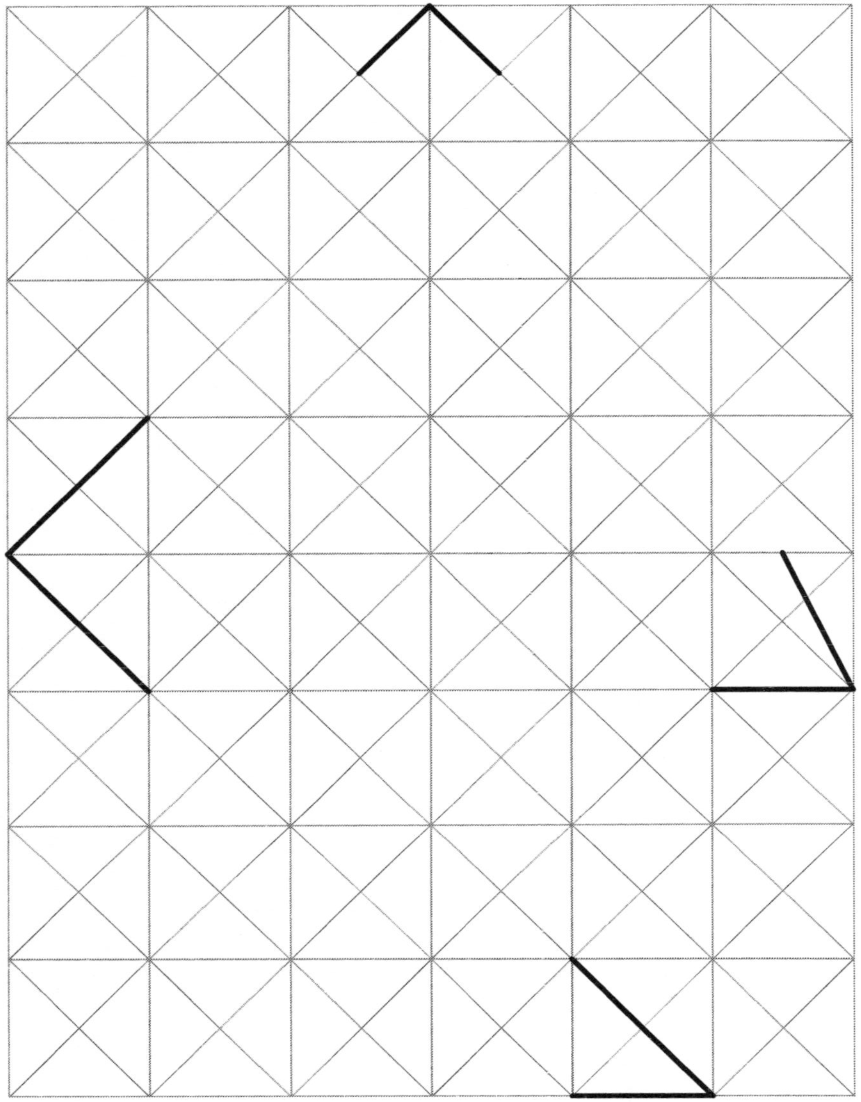

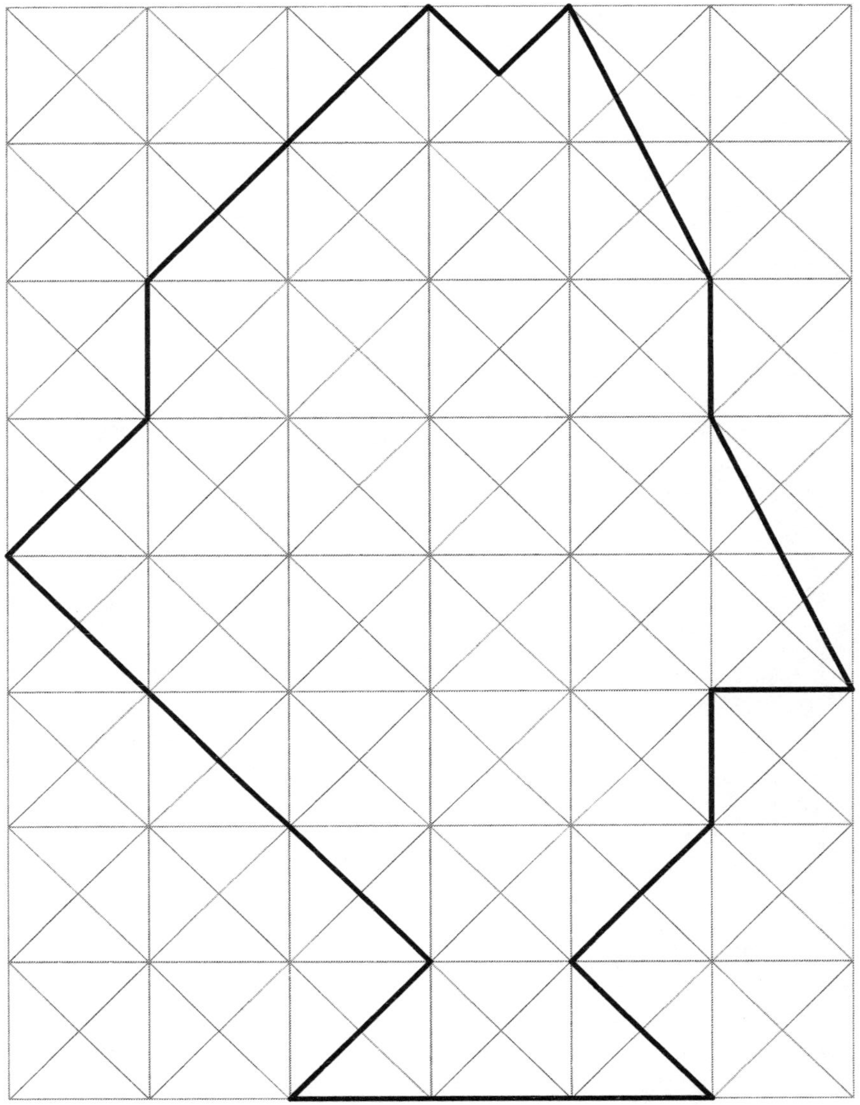

2025 年度　早稲田実業学校初等部　過去　無断複製／転載を禁ずる　日本学習図書株式会社

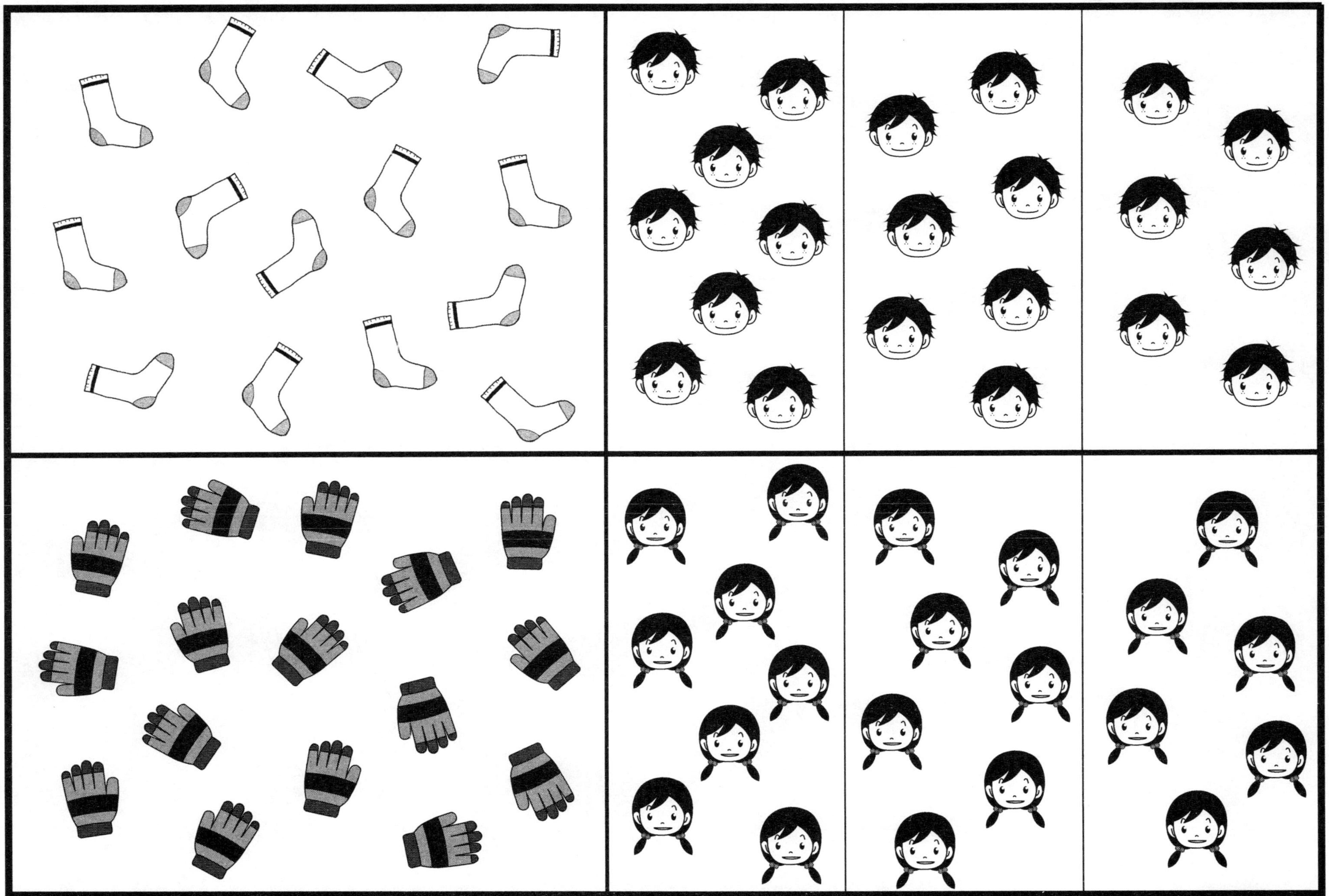

問題２５

①

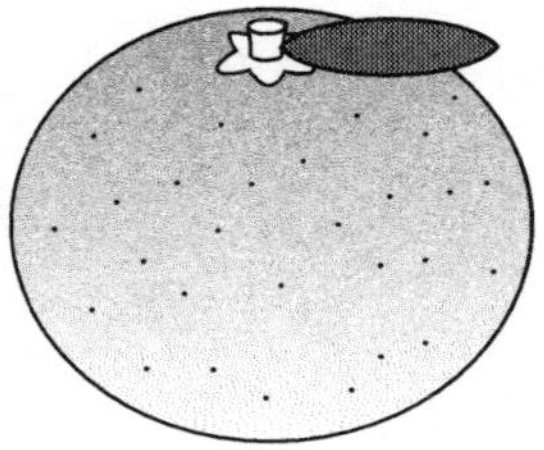

②

日本学習図書株式会社

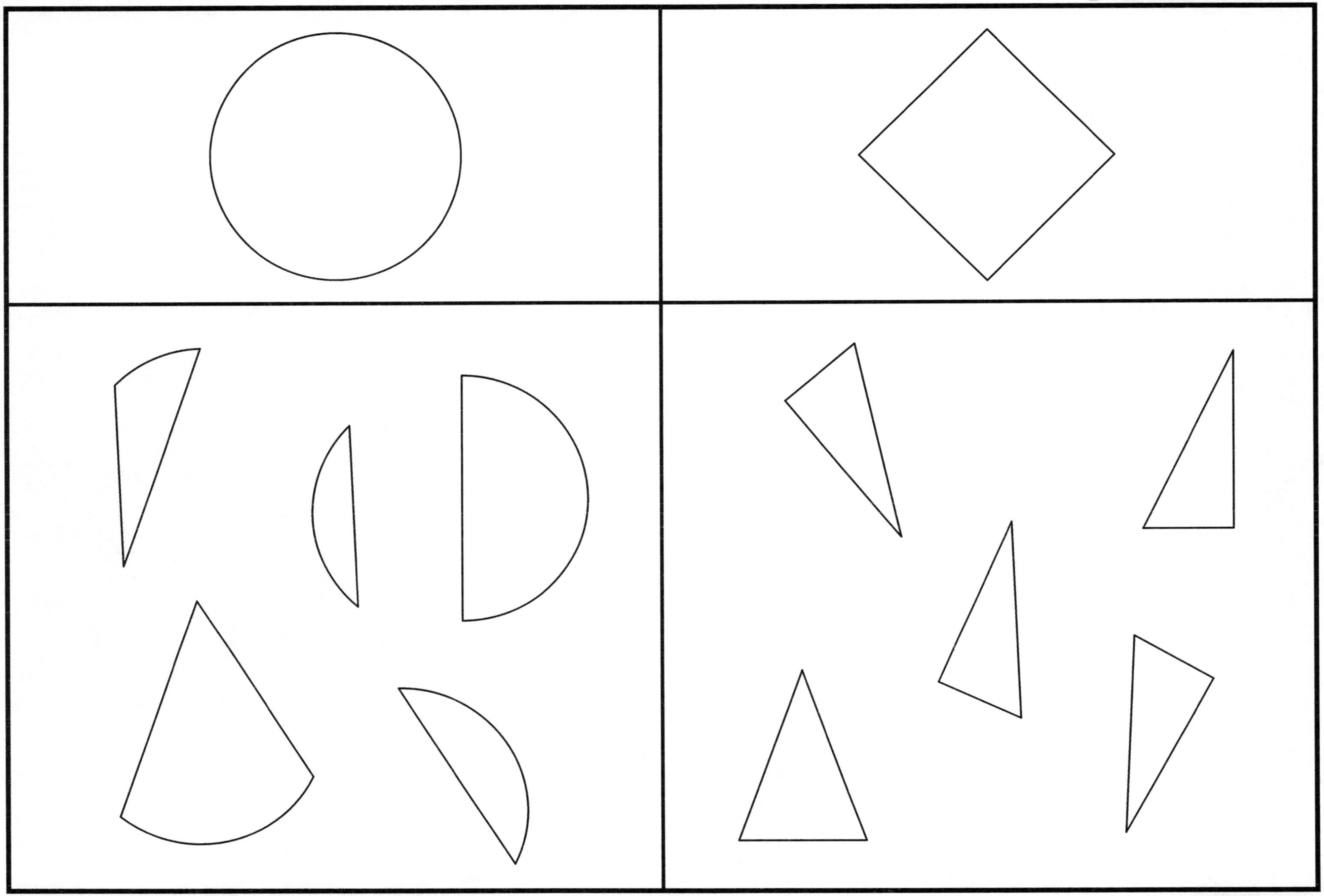

問題２７

　無断複製／転載を禁ずる

2025年度　早稲田実業学校初等部　過去　無断複製／転載を禁ずる　日本学習図書株式会社

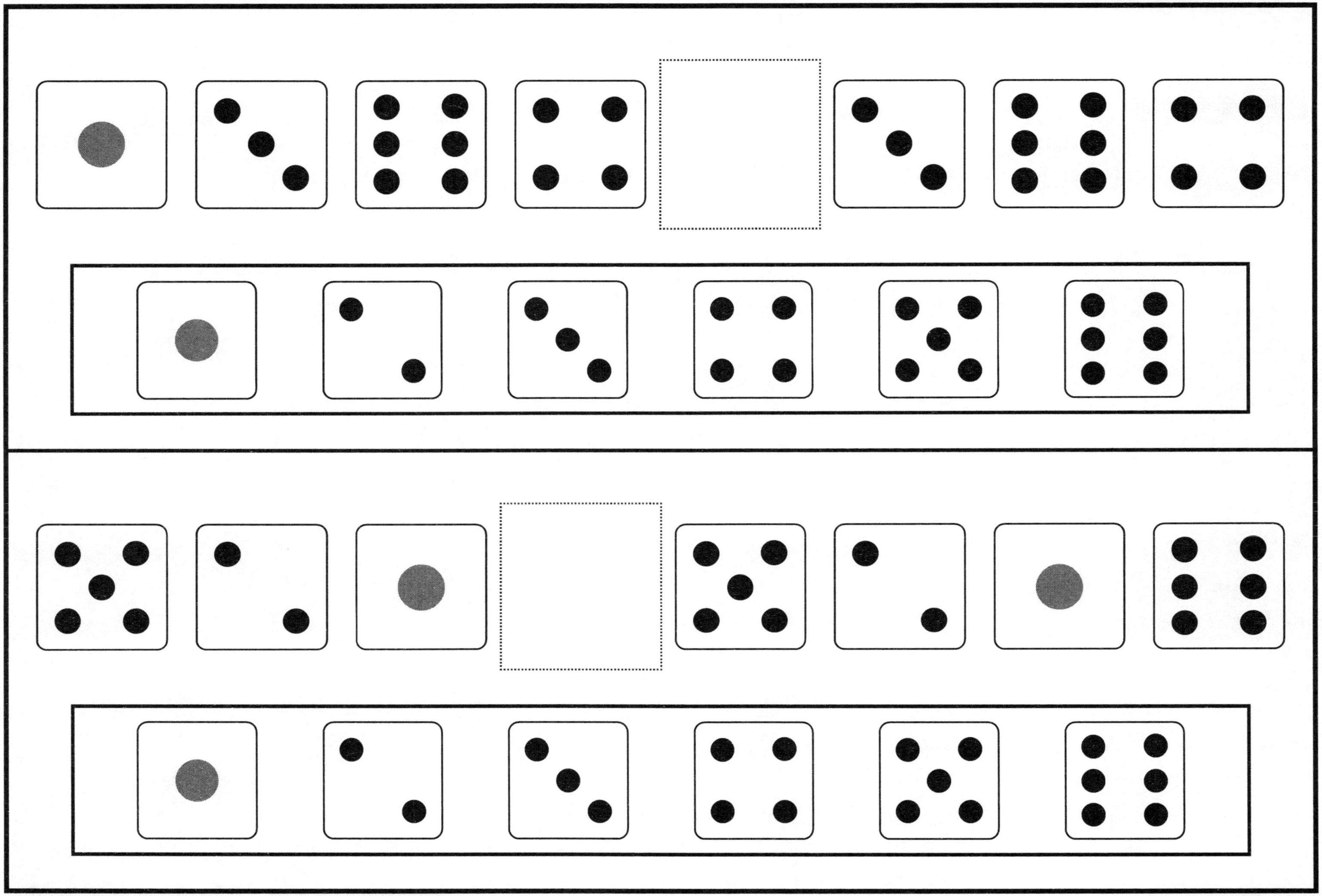

2025年度　早稲田実業学校初等部　過去　無断複製／転載を禁ずる　　　　　　日本学習図書株式会社

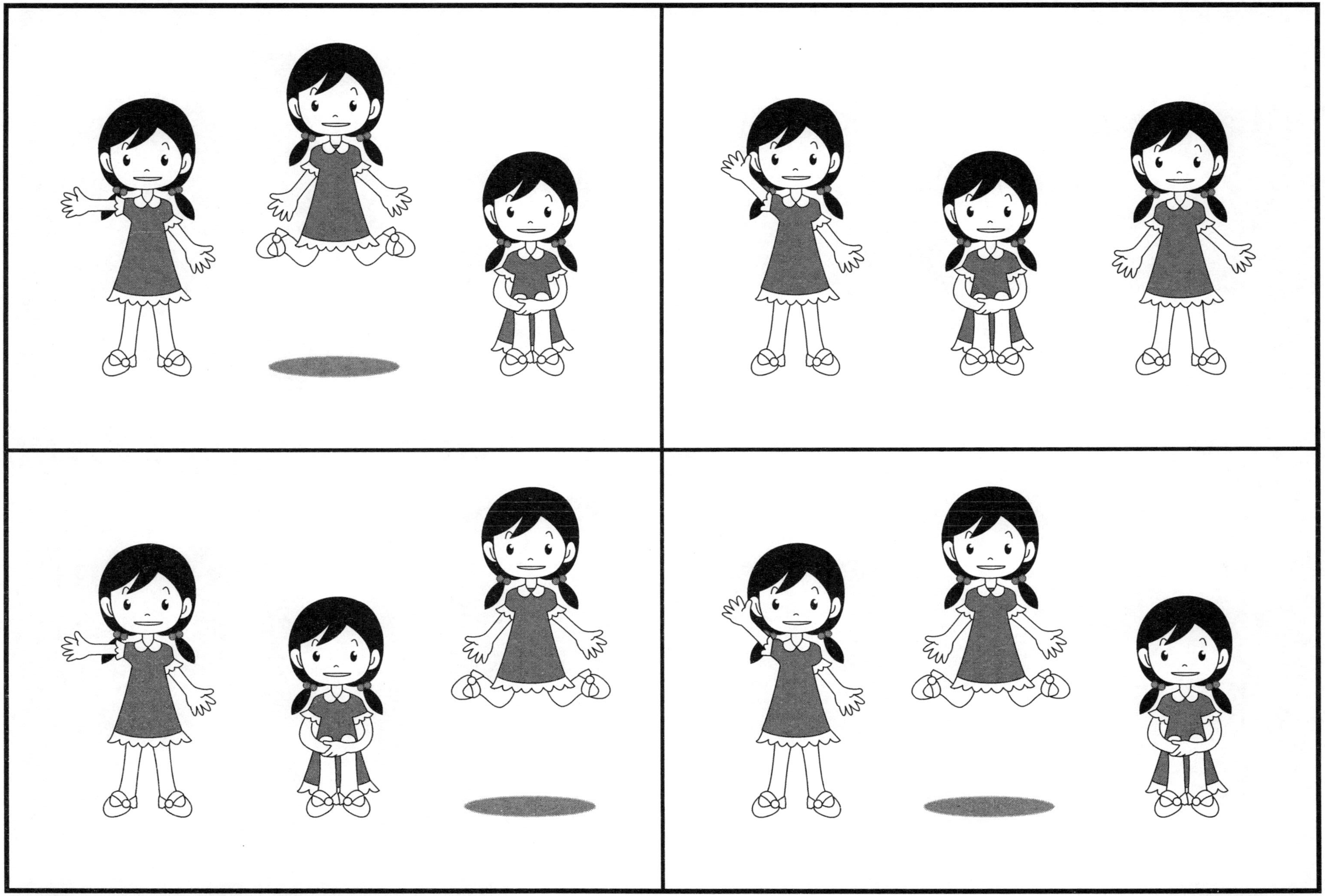

問題２９－２

無断複製／転載を禁ずる

日本学習図書株式会社

2025 年度　早稲田実業学校初等部　過去　無断複製／転載を禁ずる　　日本学習図書株式会社

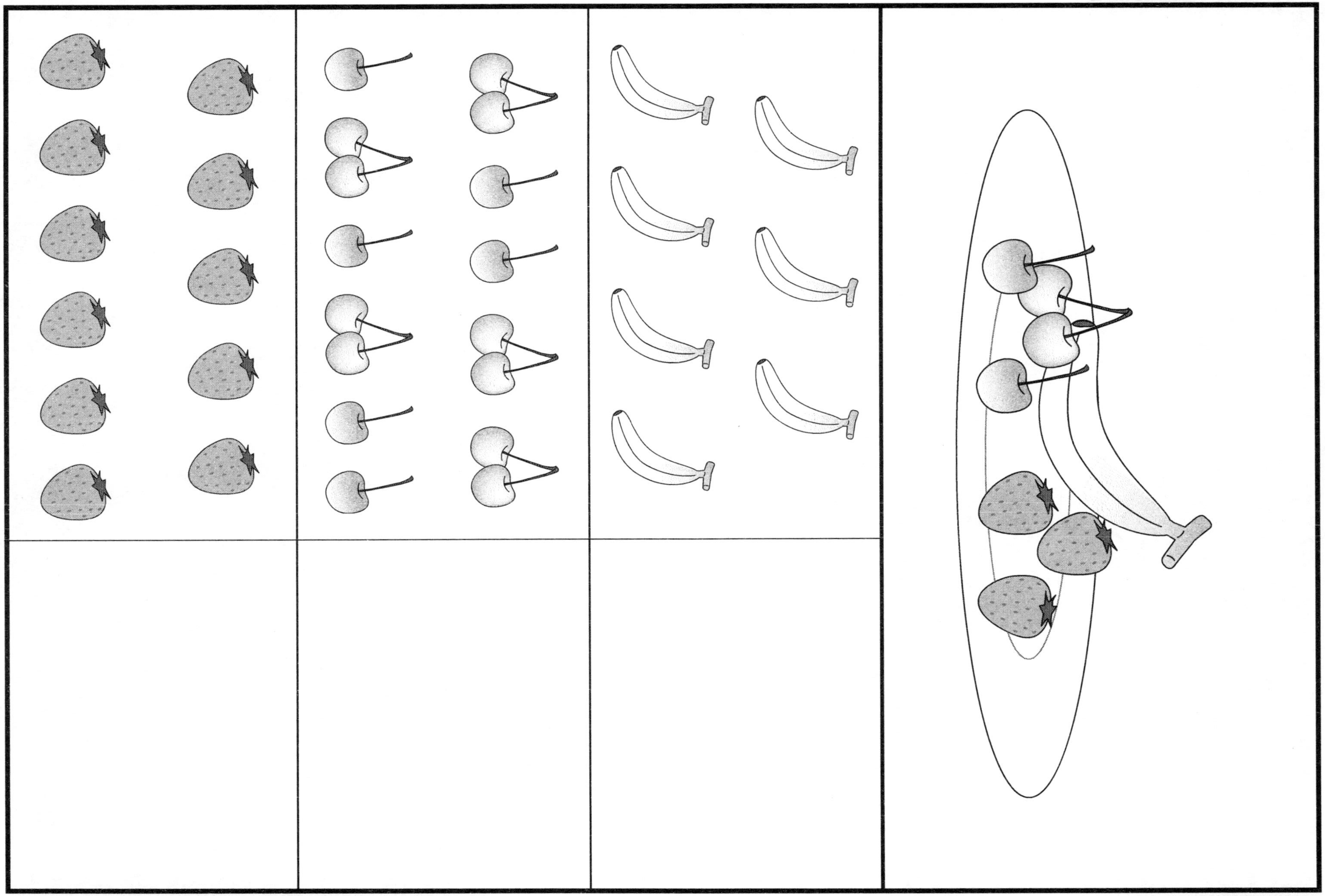

2025年度　早稲田実業学校初等部　過去　無断複製／転載を禁ずる　　　　　日本学習図書株式会社

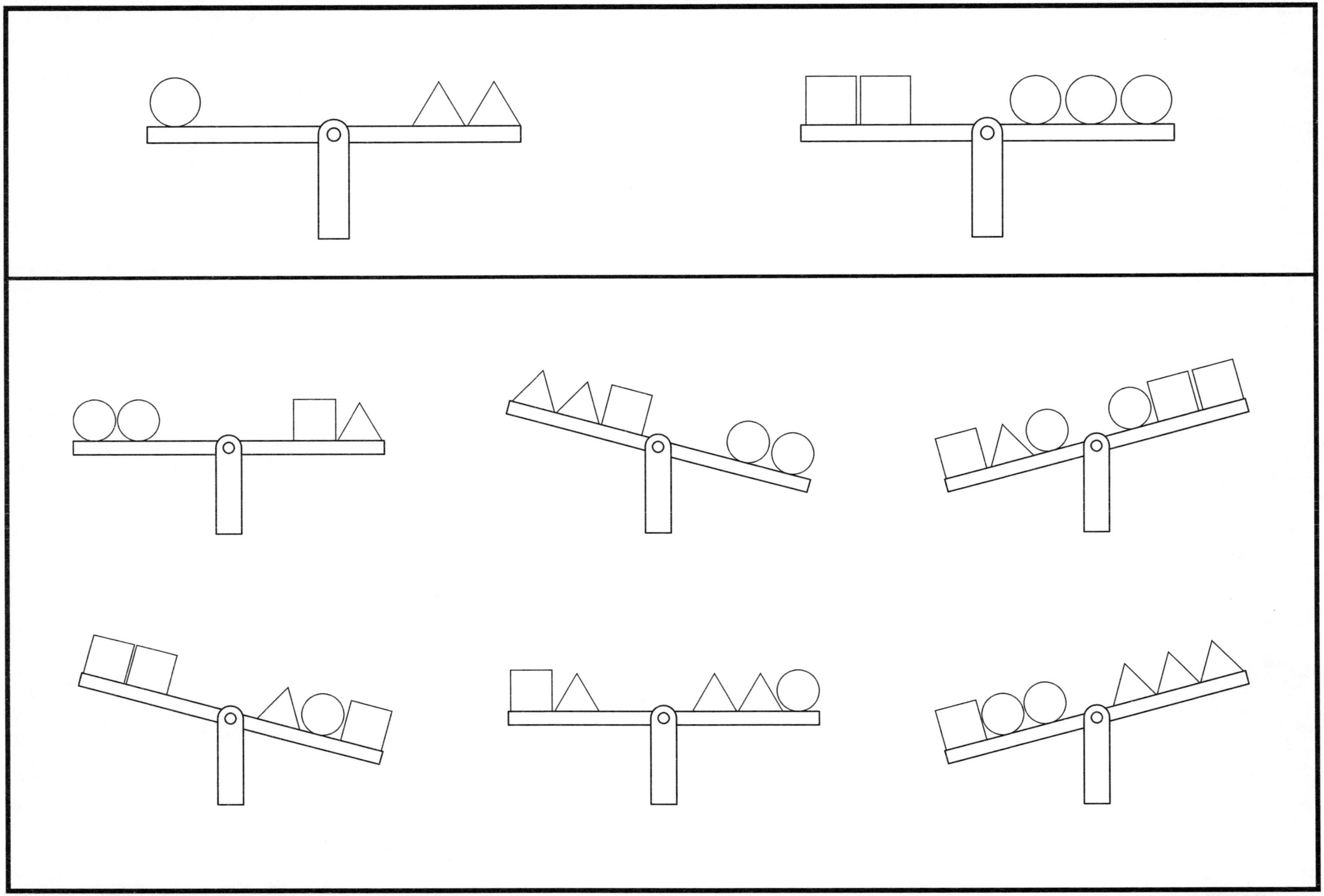

問題３２

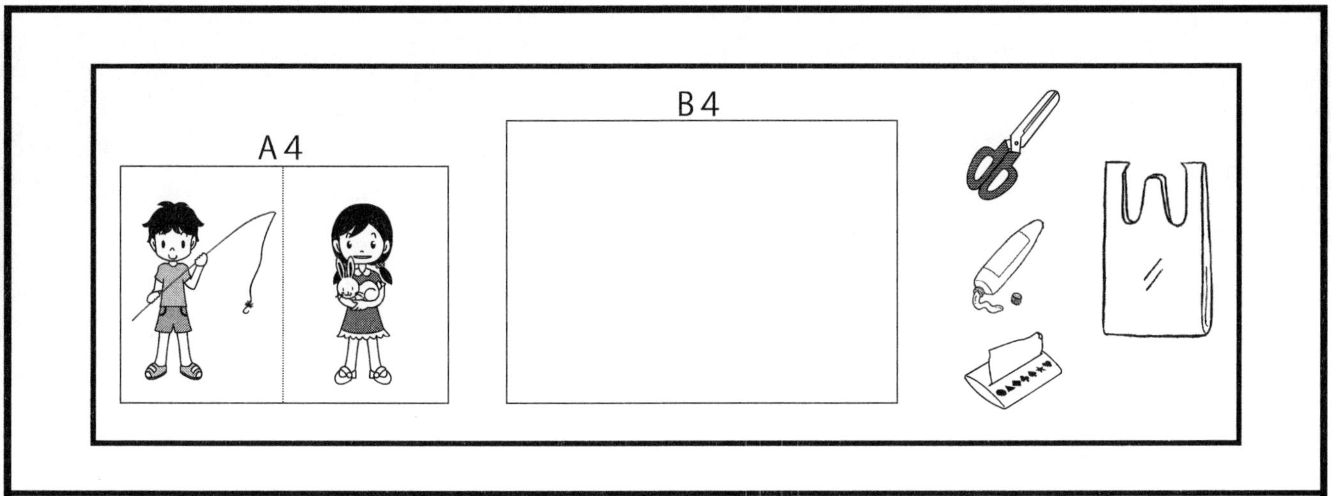

①

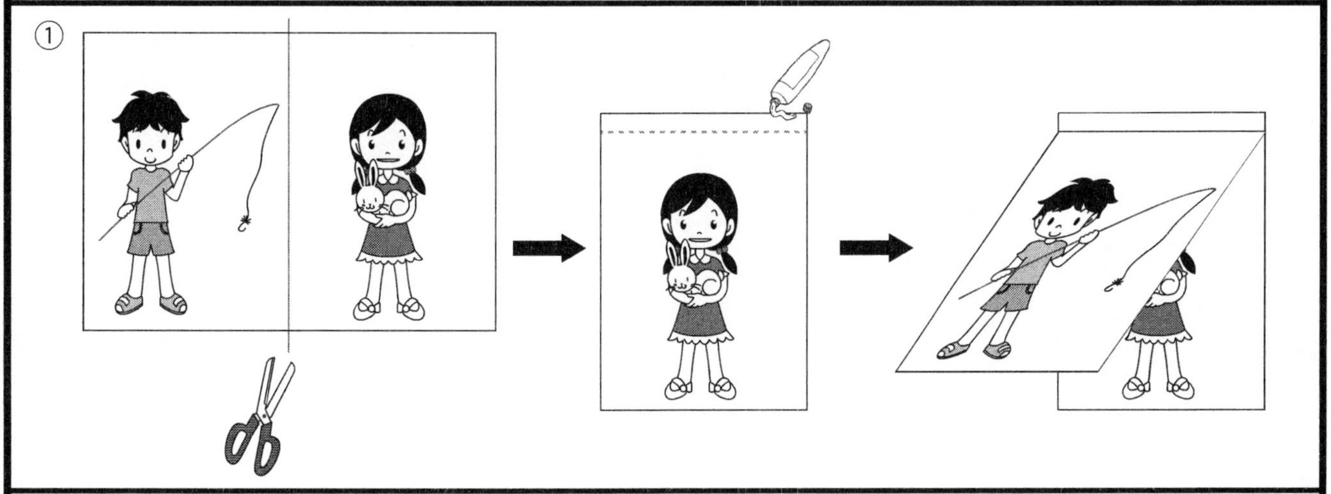

②

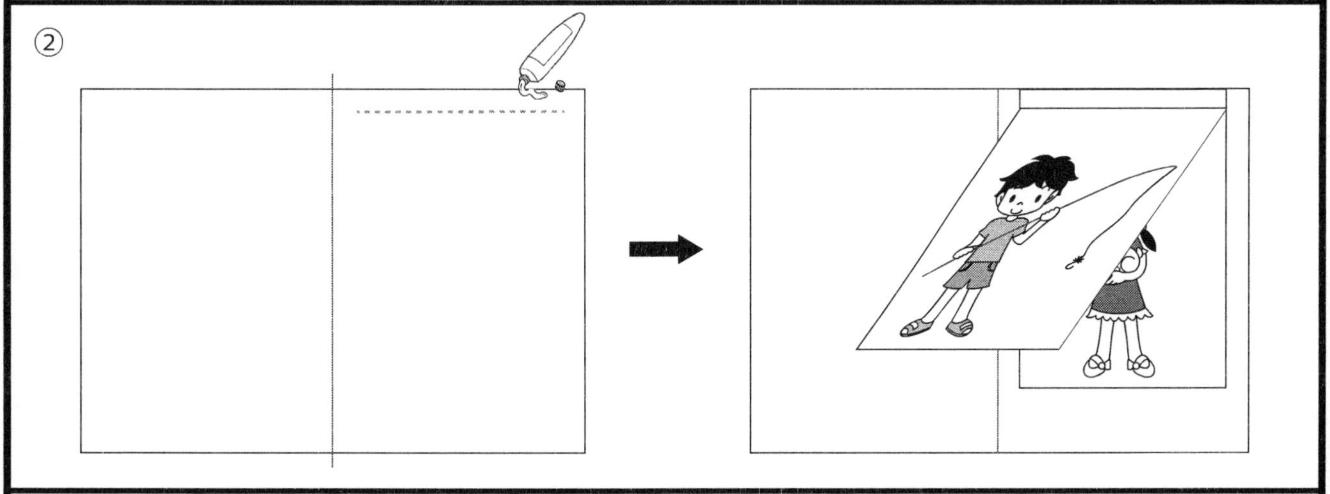

③

2025年度　早稲田実業学校初等部　過去　無断複製／転載を禁ずる
日本学習図書株式会社

2025年度　早稲田実業学校初等部　過去　無断複製／転載を禁ずる　　日本学習図書株式会社

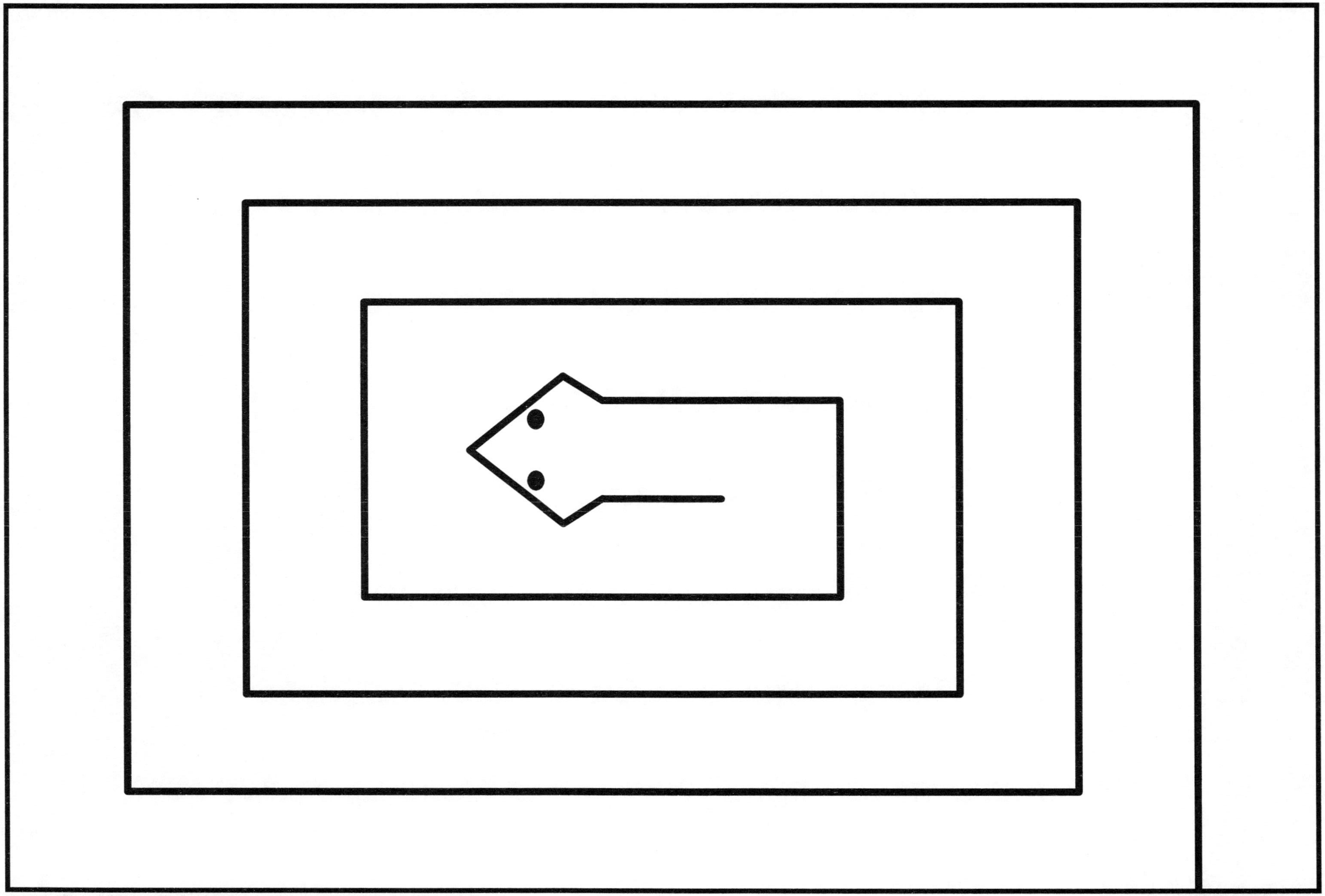

2025 年度　早稲田実業学校初等部　過去　無断複製／転載を禁ずる　　日本学習図書株式会社

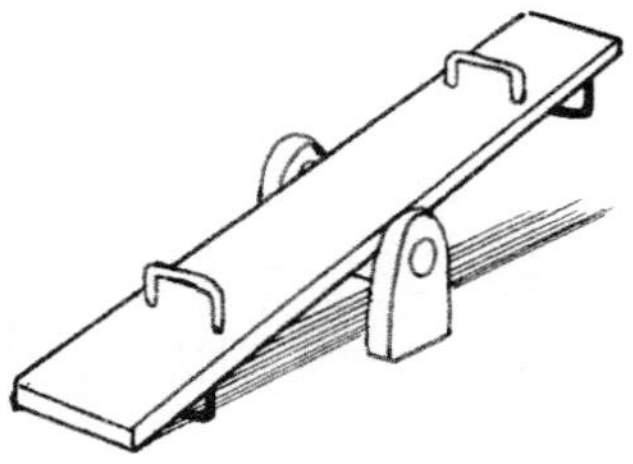

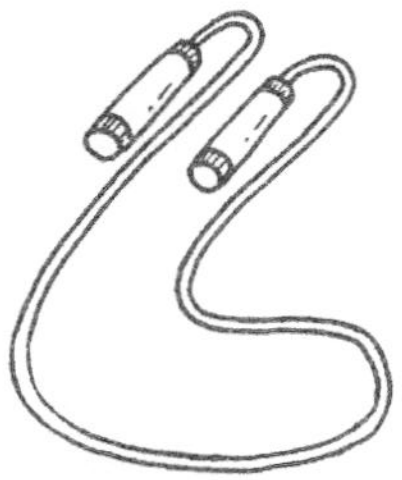

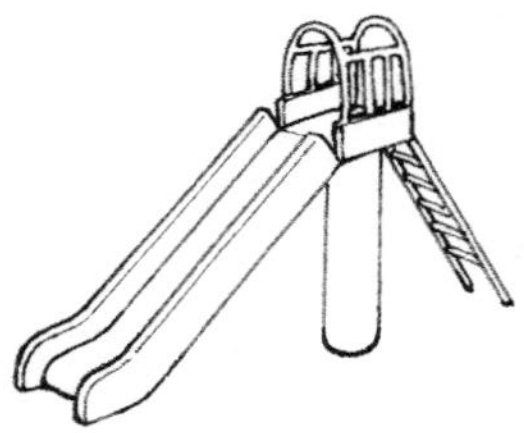

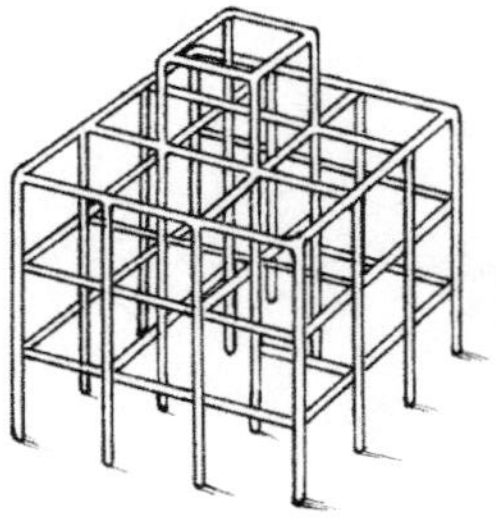

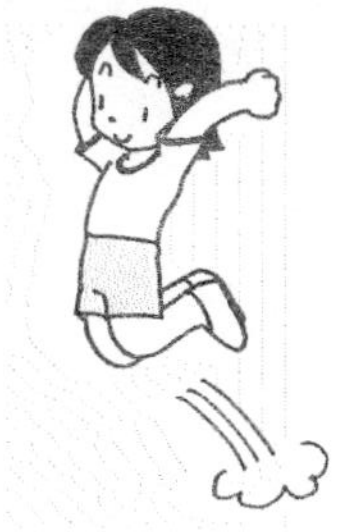

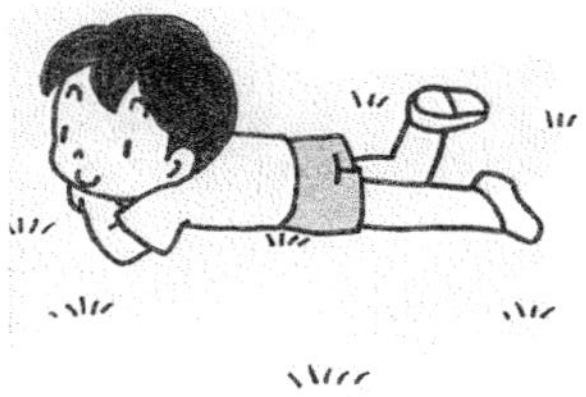

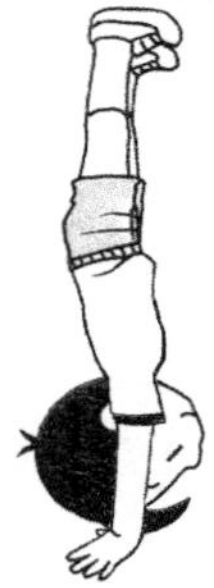

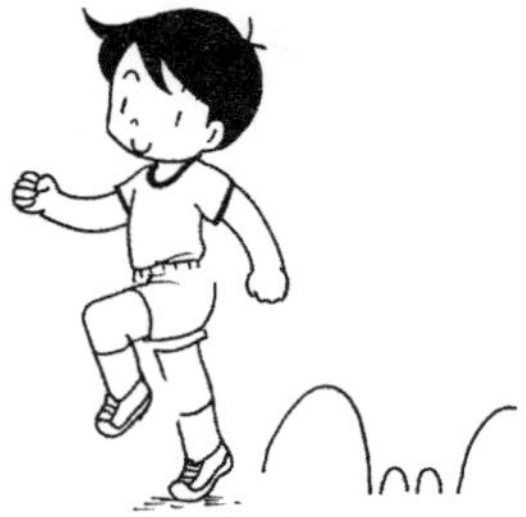

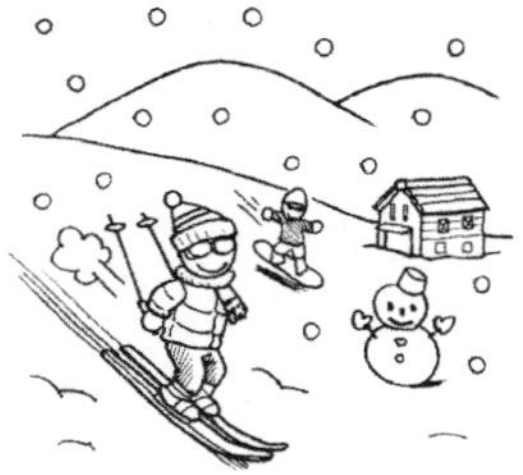

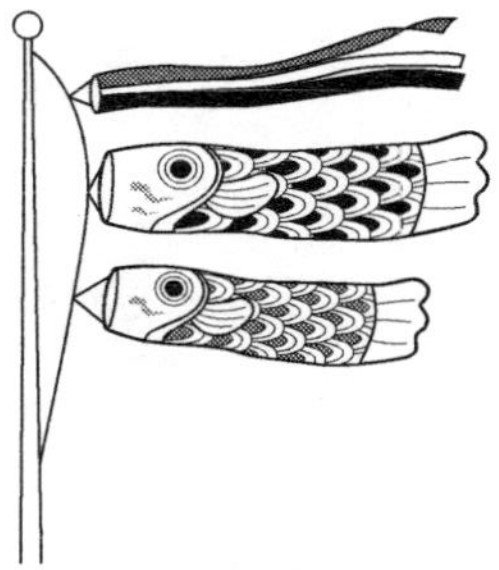

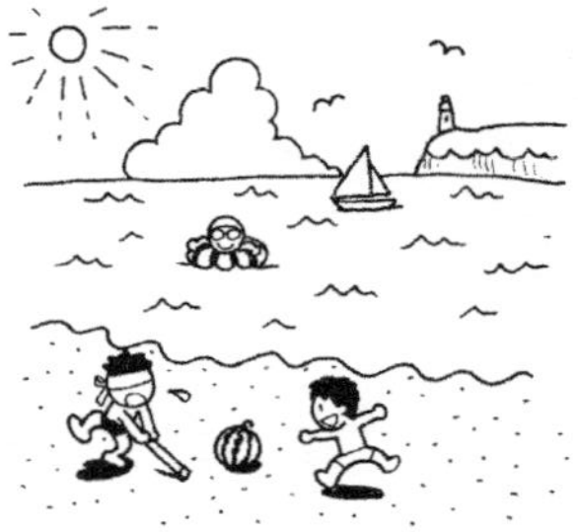

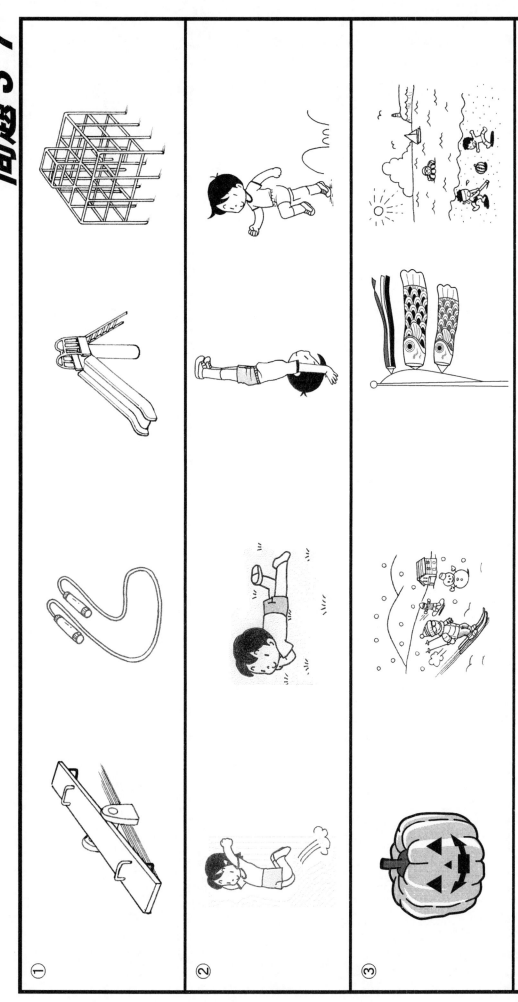

2025 年度　早稲田実業学校初等部　過去　無断複製／転載を禁ずる　日本学習図書株式会社

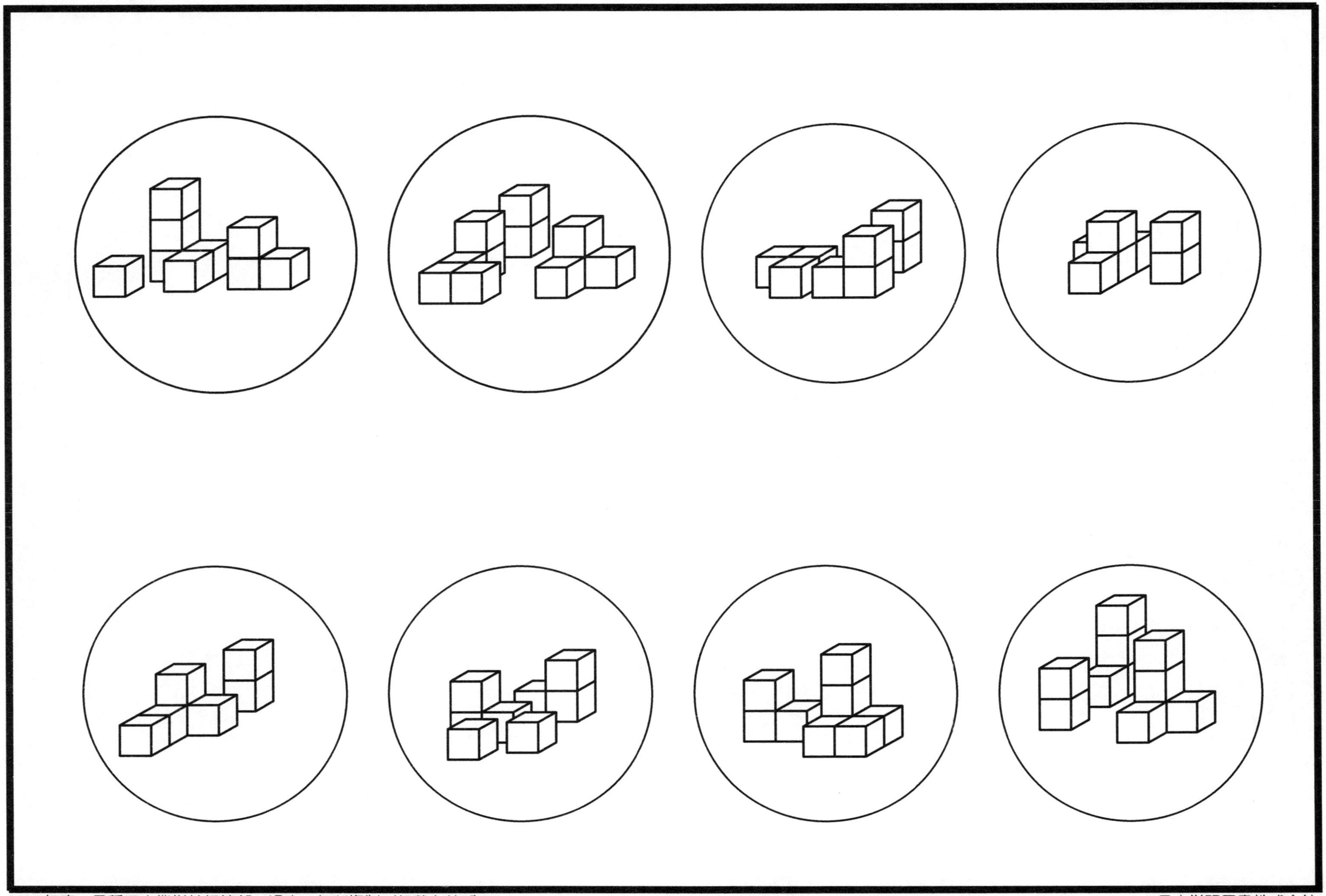

2025 年度　早稲田実業学校初等部　過去　無断複製／転載を禁ずる　　日本学習図書株式会社

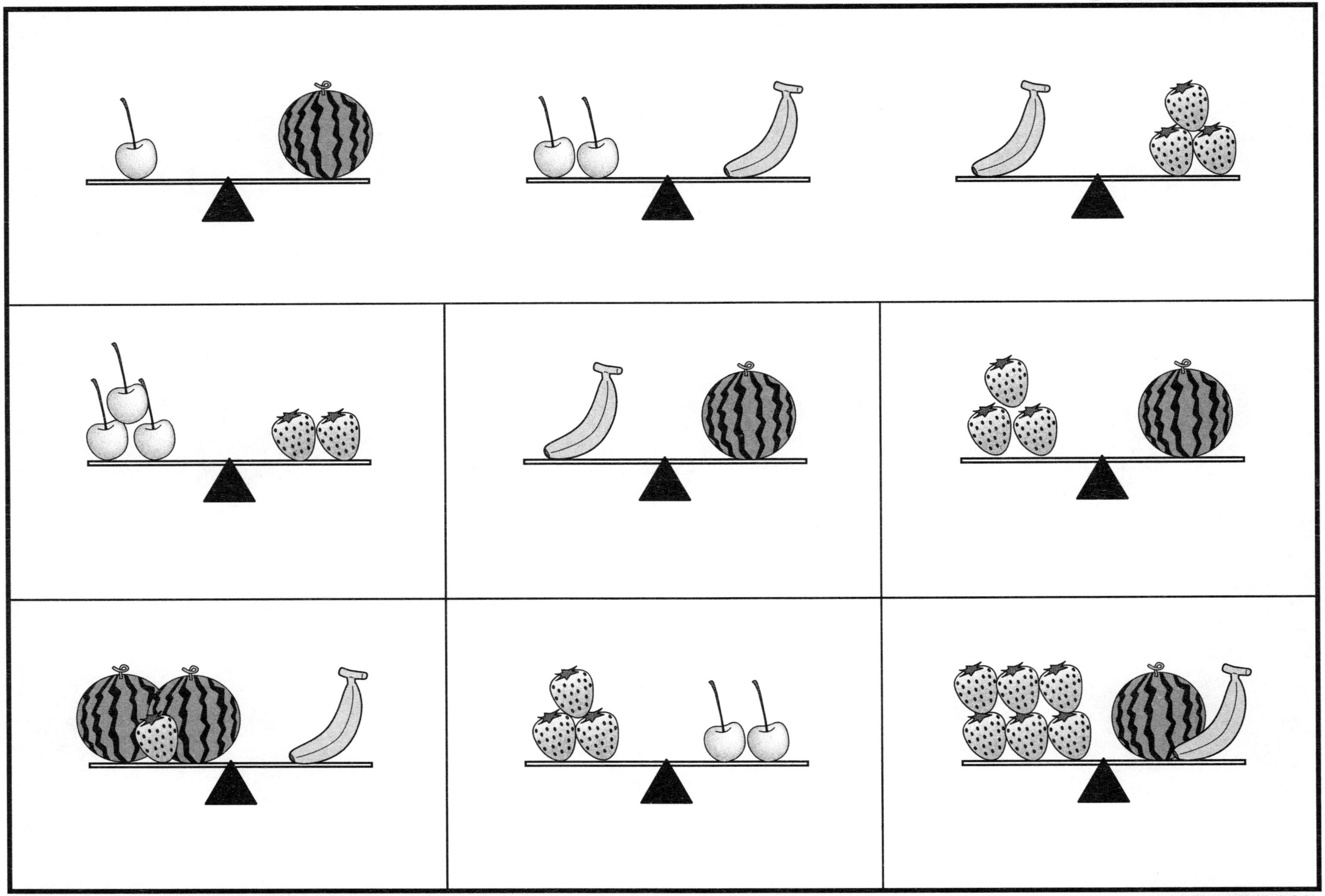

2025 年度　早稲田実業学校初等部　過去　無断複製／転載を禁ずる

日本学習図書株式会社

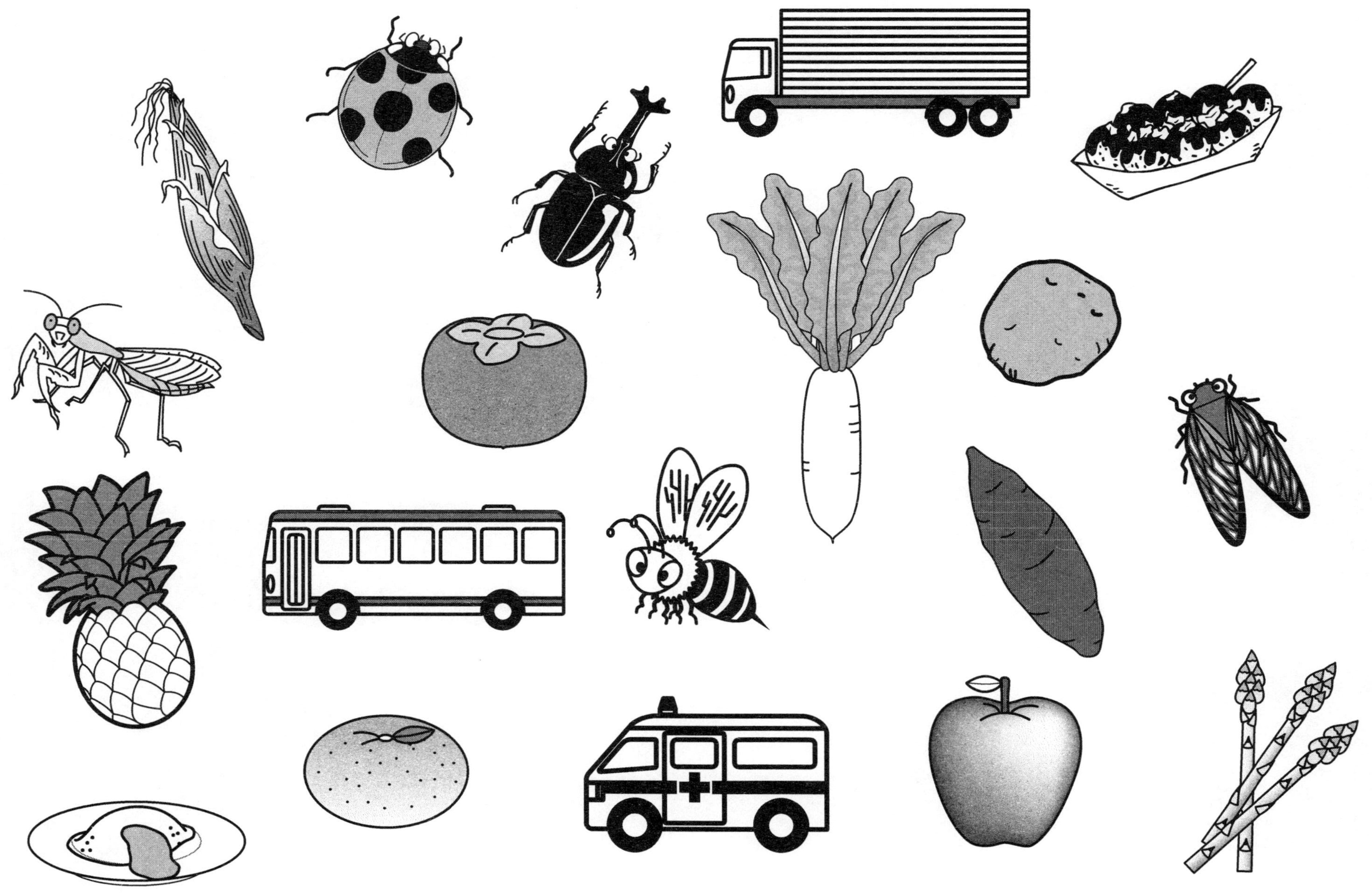

2025 年度　早稲田実業学校初等部　過去　無断複製／転載を禁ずる　　　　　　日本学習図書株式会社

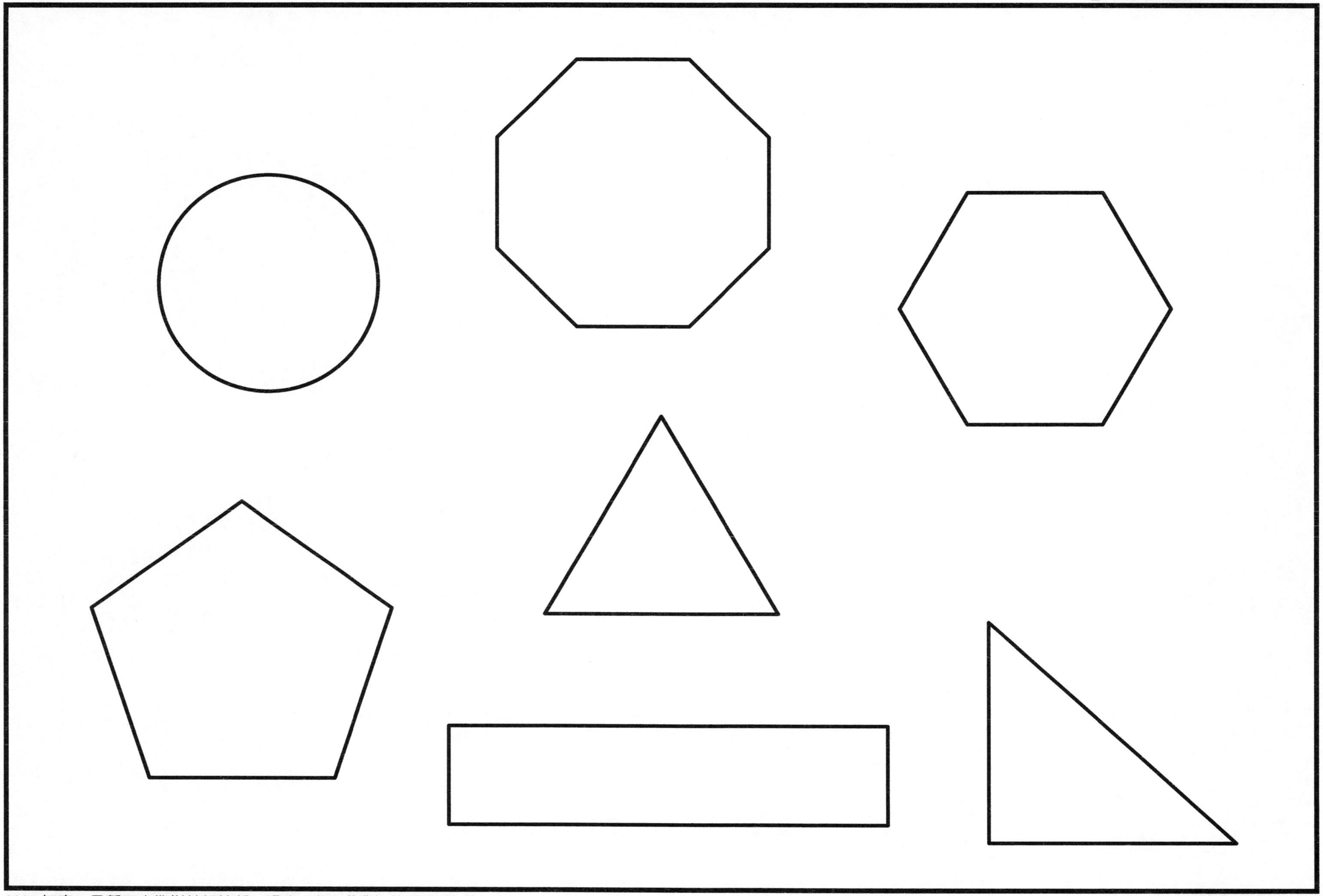

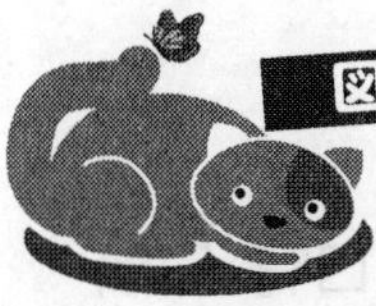

図書カード1000円分プレゼント

ご記入日　　年　月　日

☆国・私立小学校受験アンケート☆

※可能な範囲でご記入下さい。選択肢は○で囲んで下さい。

〈小学校名〉＿＿＿＿＿＿＿＿＿＿　〈お子さまの性別〉男・女　〈誕生月〉＿＿月

〈その他の受験校〉（複数回答可）＿＿＿＿＿＿＿＿＿＿＿＿＿＿＿＿

〈受験日〉①：＿＿月＿＿日　〈時間〉＿＿時＿＿分　～　＿＿時＿＿分

②：＿＿月＿＿日　〈時間〉＿＿時＿＿分　～　＿＿時＿＿分

〈受験者数〉男女計＿＿名　（男子＿＿名　女子＿＿名）

〈お子さまの服装〉＿＿＿＿＿＿＿＿＿＿＿＿＿＿＿＿

〈入試全体の流れ〉（記入例）準備体操→行動観察→ペーパーテスト

＿＿＿＿＿＿＿＿＿＿＿＿＿＿＿＿＿＿＿＿＿＿＿＿＿＿＿＿＿＿

Eメールによる情報提供

日本学習図書では、Eメールでも入試情報を募集しております。

下記のアドレスに、アンケートの内容をご入力の上、メールをお送り下さい。

ojuken@nichigaku.jp

●行動観察　（例）好きなおもちゃで遊ぶ・グループで協力するゲームなど

〈実施日〉＿＿月＿＿日　〈時間〉＿＿時＿＿分　～　＿＿時＿＿分　〈着替え〉□有　□無

〈出題方法〉□肉声　□録音　□その他（　　　　　　）　〈お手本〉□有　□無

〈試験形態〉□個別　□集団（　　　人程度）　〈会場図〉

〈内容〉

□自由遊び

＿＿＿＿＿＿＿＿＿＿＿＿＿＿＿＿＿＿＿＿

□グループ活動

＿＿＿＿＿＿＿＿＿＿＿＿＿＿＿＿＿＿＿＿

□その他

＿＿＿＿＿＿＿＿＿＿＿＿＿＿＿＿＿＿＿＿

●運動テスト（有・無）　（例）跳び箱・チームでの競争など

〈実施日〉＿＿月＿＿日　〈時間〉＿＿時＿＿分　～　＿＿時＿＿分　〈着替え〉□有　□無

〈出題方法〉□肉声　□録音　□その他（　　　　　　）　〈お手本〉□有　□無

〈試験形態〉□個別　□集団（　　　人程度）　〈会場図〉

〈内容〉

□サーキット運動

□走り　□跳び箱　□平均台　□ゴム跳び

□マット運動　□ボール運動　□なわ跳び

□クマ歩き

□グループ活動＿＿＿＿＿＿＿＿＿＿＿＿＿＿＿＿

□その他＿＿＿＿＿＿＿＿＿＿＿＿＿＿＿＿＿＿

●知能テスト・口頭試問

〈実施日〉 ＿＿月＿＿日 〈時間〉 ＿＿時＿＿分 ～ ＿＿時＿＿分 〈お手本〉□有 □無

〈出題方法〉 □肉声 □録音 □その他（　　　　　） 〈問題数〉 ＿＿枚 ＿＿問

分野	方法	内　　容	詳　細・イ　ラ　ス　ト
（例） お話の記憶	☑筆記 □口頭	動物たちが待ち合わせをする話	（あらすじ） 動物たちが待ち合わせをした。最初にウサギさんが来た。次にイヌくんが、その次にネコさんが来た。最後にタヌキくんが来た。 （問題・イラスト） ３番目に来た動物は誰か 
お話の記憶	□筆記 □口頭		（あらすじ） （問題・イラスト）
図形	□筆記 □口頭		
言語	□筆記 □口頭		
常識	□筆記 □口頭		
数量	□筆記 □口頭		
推理	□筆記 □口頭		
その他	□筆記 □口頭		

日本学習図書株式会社

●制作　（例）ぬり絵・お絵かき・工作遊びなど

〈実施日〉＿＿月＿＿日〈時間〉＿＿時＿＿分 ～ ＿＿時＿＿分

〈出題方法〉 □肉声 □録音 □その他（　　　　　）〈お手本〉□有 □無

〈試験形態〉 □個別 □集団（　　　人程度）

材料・道具	制作内容
□ハサミ □のり（□つぼ □液体 □スティック） □セロハンテープ □鉛筆 □クレヨン（　色） □クーピーペン（　色） □サインペン（　色）□ □画用紙（□ A4 □ B4 □ A3 □その他：　　　　） □折り紙 □新聞紙 □粘土 □その他（　　　　）	□切る □貼る □塗る □ちぎる □結ぶ □描く □その他（　　　　） タイトル：＿＿＿＿＿＿＿＿＿＿

●面接

〈実施日〉＿＿月＿＿日〈時間〉＿＿時＿＿分 ～ ＿＿時＿＿分〈面接担当者〉＿＿名

〈試験形態〉□志願者のみ（　　）名 □保護者のみ □親子同時 □親子別々

〈質問内容〉

※試験会場の様子をご記入下さい。

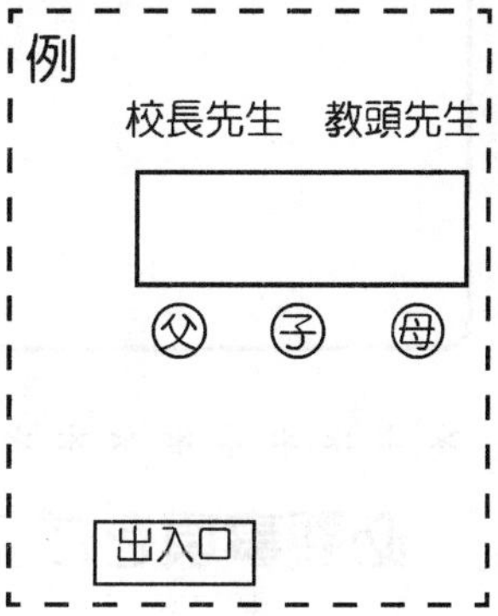

□志望動機　□お子さまの様子

□家庭の教育方針

□志望校についての知識・理解

□その他（　　　　　　　　）

（ 詳　細 ）

・

・

・

・

●保護者作文・アンケートの提出（有・無）

〈提出日〉 □面接直前 □出願時 □志願者考査中 □その他（　　　　　）

〈下書き〉 □有 □無

〈アンケート内容〉

（記入例）当校を志望した理由はなんですか（150 字）

●**説明会（□有　□無）〈開催日〉＿＿月＿＿日〈時間〉＿＿時＿＿分＿＿～＿＿時＿＿分**

〈上履き〉　□要　□不要　〈願書配布〉　□有　□無　〈校舎見学〉　□有　□無

〈ご感想〉

●**参加された学校行事**（複数回答可）

公開授業〈開催日〉＿＿月＿＿日〈時間〉＿＿時＿＿分＿＿～＿＿時＿＿分

運動会など〈開催日〉＿＿月＿＿日〈時間〉＿＿時＿＿分＿＿～＿＿時＿＿分

学習発表会・音楽会など〈開催日〉＿＿月＿＿日〈時間〉＿＿時＿＿分＿＿～＿＿時＿＿分

〈ご感想〉

※是非参加したほうがよいと感じた行事について

●**受験を終えてのご感想、今後受験される方へのアドバイス**

※対策学習（重点的に学習しておいた方がよい分野）、当日準備しておいたほうがよい物など

＊＊＊＊＊＊＊＊＊＊＊＊＊　ご記入ありがとうございました　＊＊＊＊＊＊＊＊＊＊＊＊＊

必要事項をご記入の上、ポストにご投函ください。

なお、本アンケートの送付期限は入試終了後３ヶ月とさせていただきます。また、入試に関する情報の記入量が当社の基準に満たない場合、謝礼の送付ができないことがございます。あらかじめご了承ください。

ご住所：〒＿＿＿＿＿＿＿＿＿＿＿＿＿＿＿＿＿＿＿＿

お名前：＿＿＿＿＿＿＿＿＿＿　メール：＿＿＿＿＿＿＿＿＿＿

ＴＥＬ：＿＿＿＿＿＿＿＿＿＿　ＦＡＸ：＿＿＿＿＿＿＿＿＿＿

アンケートのご記入ありがとうございました

ご記入頂いた個人に関する情報は、当社にて厳重に管理致します。弊社の個人情報取り扱いに関する詳細は、www.nichigaku.jp/policy.php の「個人情報の取り扱い」をご覧下さい。

分野別 小学入試練習帳 ジュニアウォッチャー

1. 点・線図形	小学校入試で出題頻度の高い『点・線図形』の模写を、難易度の低いものから段階別に幅広く練習することができるように構成。
2. 座標	図形の位置模写という作業を、難易度の低いものから段階別に練習できるように構成。
3. パズル	様々なパズルの問題を難易度の低いものから段階別に練習できるように構成。
4. 同図形探し	小学校入試で出題頻度の高い、同図形選びの問題を繰り返し練習できるように構成。
5. 回転・展開	図形などを回転、または展開したとき、形がどのように変化するかを学習し、理解を深められるように構成。
6. 系列	数、図形などの様々な系列問題を、難易度の低いものから段階別に練習できるように構成。
7. 迷路	迷路の問題を繰り返し練習できるように構成。
8. 対称	対称に関する問題を４つのテーマに分類し、各テーマごとに問題を段階別に練習できるように構成。
9. 合成	図形の合成に関する問題を、難易度の低いものから段階別に練習できるように構成。
10. 四方からの観察	もの（立体）を様々な角度から見て、どのように見えるかを推理する問題を段階別に整理し、１つの形式で複数の問題を練習できるように構成。
11. いろいろな仲間	ものや動物、植物の共通点を見つけ、分類していく問題を中心に構成。
12. 日常生活	日常生活における様々な問題を６つのテーマに分類し、各テーマごとに一つの問題形式で複数の問題を練習できるように構成。
13. 時間の流れ	『時間』に着目し、様々なものごとは、時間が経過するとどのように変化するのかということを学習し、理解できるように構成。
14. 数える	様々なものを『数える』ことから、数の多少の判定やかけ算、わり算の基礎までを練習できるように構成。
15. 比較	比較に関する問題を５つのテーマ（数、高さ、長さ、量、重さ）に分類し、各テーマごとに問題を段階別に練習できるように構成。
16. 積み木	数える対象を積み木に限定した問題集。
17. 言葉の音遊び	言葉の音に関する問題を５つのテーマに分類し、各テーマごとに問題を段階別に練習できるように構成。
18. いろいろな言葉	表現力をより豊かにするいろいろな言葉として、擬態語や擬声語、同音異義語、反意語、数詞を取り上げた問題集。
19. お話の記憶	お話を聴いてその内容を記憶、理解し、設問に答える形式の問題集。
20. 見る記憶・聴く記憶	「見て憶える」「聴いて憶える」という『記憶』分野に特化した問題集。
21. お話作り	いくつかの絵を元にしてお話を作る練習をして、想像力を養うことができるように構成。
22. 想像画	描かれてある形や景色に好きな絵を描くことにより、想像力を養うことができるように構成。
23. 切る・貼る・塗る	小学校入試で出題頻度の高い、はさみやのりなどを用いた巧緻性の問題を繰り返し練習できるように構成。
24・絵画	小学校入試で出題頻度の高い、お絵かきやぬり絵などクレヨンやクーピーペンを用いた巧緻性の問題を繰り返し練習できるように構成。
25. 生活巧緻性	小学校入試で出題頻度の高い日常生活の様々な場面における巧緻性の問題集。
26. 文字・数字	ひらがなの清音、濁音、拗音、拗長音、促音と１～20までの数字に焦点を絞り、練習できるように構成。
27. 理科	小学校入試で出題頻度が高くなりつつある理科の問題を集めた問題集。
28. 運動	出題頻度の高い運動問題を種目別に分けて構成。
29. 行動観察	項目ごとに問題提起をし、「このような時はどうか、あるいはどう対処するのか」の観点から問いかける形式の問題集。
30. 生活習慣	学校から家庭に提起された問題と思って、一問一問絵を見ながら話し合い、考える形式の問題集。

31. 推理思考	数、量、言語、常識（含理科、一般）など、諸々のジャンルから問題を構成し、近年の小学校入試問題傾向に沿って構成。
32. ブラックボックス	箱や筒の中を通ると、どのようなお約束でどのように変化するかを推理・思考する問題集。
33. シーソー	重さの違うものをシーソーに乗せた時どちらに傾くのか、またどうすればシーソーは釣り合うのかを思考する基礎的な問題集。
34. 季節	様々な行事や植物などを季節別に分類できるように知識をつける問題集。
35. 重ね図形	小学校入試で頻繁に出題されている「図形を重ね合わせてできる形」についての問題を集めました。
36. 同数発見	様々な物を数え「同じ数」を発見し、数の多少の判断や数の認識の基礎を学べるように構成した問題集。
37. 選んで数える	数の学習の基本となる、いろいろなものの数を正しく数える学習を行う問題集。
38. たし算・ひき算１	数字を使わず、たし算とひき算の基礎を身につけるための問題集。
39. たし算・ひき算２	数字を使わず、たし算とひき算の基礎を身につけるための問題集。
40. 数を分ける	数を等しく分ける問題です。等しく分けたときに余りが出るものもあります。
41. 数の構成	ある数がどのような数で構成されているか学んでいきます。
42. 一対多の対応	一対一の対応から、一対多の対応まで、かけ算の考え方の基礎学習を行います。
43. 数のやりとり	あげたり、もらったり、数の変化をしっかりと学びます。
44. 見えない数	指定された条件から数を導き出します。
45. 図形分割	図形の分割に関する問題集。パズルや合成の分野にも通じる様々な問題を集めました。
46. 回転図形	「回転図形」に関する問題集。やさしい問題から始め、いくつかの代表的なパターンから、段階を踏んで学習できるよう編集されています。
47. 座標の移動	「マス目の指示通りに移動する問題」と「指示された数だけ移動する問題」を収録。
48. 鏡図形	鏡で左右反転させた時の見え方を考えます。平面図形から立体図形、文字、絵まで。
49. しりとり	すべての学習の基礎となる「言葉」を学ぶこと、特に「語彙」を増やすことに重点をおき、さまざまなタイプの「しりとり」問題を集めました。
50. 観覧車	観覧車やメリーゴーラウンドなどを舞台にした「回転系列」の問題集。「推理思考」分野の問題ですが、要素として「図形」や「数量」も含みます。
51. 運筆①	鉛筆の持ち方を学び、点線なぞり、お手本を見ながらの模写で、線を引く練習をします。
52. 運筆②	運筆①からさらに発展し、「欠所補完」や「迷路」などを楽しみながら、より複雑な鉛筆運びを習得することを目指します。
53. 四方からの観察 積み木編	積み木を使用した「四方からの観察」に関する問題を練習できるように構成。
54. 図形の構成	見本の図形がどのような部分によって形づくられているかを考えます。
55. 理科②	理科的知識に関する問題を集中して練習する「常識」分野の問題集。
56. マナーとルール	道路や駅、公共の場でのマナー、安全や衛生に関する常識を学べるように構成。
57. 置き換え	さまざまな具体的・抽象的事象を記号で表す「置き換え」の問題を扱います。
58. 比較②	長さ・高さ・体積・数などを数学的な知識を使わず、論理的に推測する「比較」の問題を練習できるように構成。
59. 欠所補完	線と線のつながり、欠けた絵に当てはまるものなどを求める「欠所補完」に取り組める問題集です。
60. 言葉の音（おん）	しりとり、決まった順番の音をつなげるなど、「言葉の音」に関する問題に取り組める練習問題集です。

◆◆ニチガクのおすすめ問題集◆◆

より充実した家庭学習を目指し、ニチガクではさまざまな問題集をとりそろえております!!

サクセスウォッチャーズ（全18巻）

①～⑱
本体各￥2,200＋税

全9分野を「基礎必修編」「実力アップ編」の2巻でカバーした、合計18冊。

各巻80問と豊富な問題数に加え、他の問題集では掲載していない詳しいアドバイスが、お子さまを指導する際に役立ちます。

各ページが、すぐに使えるミシン目付き。本番を意識したドリルワークが可能です。

ジュニアウォッチャー（既刊60巻）

①～⑥⓪（以下続刊）
本体各￥1,500＋税

入試出題頻度の高い9分野を、さらに60の項目にまで細分化。基礎学習に最適のシリーズ。

苦手分野におけるつまずきを、効率よく克服するための60冊です。

ポイントが絞られているため、無駄なく高い効果を得られます。

国立・私立 NEW ウォッチャーズ

言語／理科／図形／記憶
常識／数量／推理
本体各￥2,000＋税

シリーズ累計発行部数40万部以上を誇る大ベストセラー「ウォッチャーズシリーズ」の趣旨を引き継ぐ新シリーズ!!

実際に出題された過去問の「類題」を32問掲載。全問に「解答のポイント」付きだから家庭学習に最適です。「ミシン目」付き切り離し可能なプリント学習タイプ！

実践 ゆびさきトレーニング①・②・③

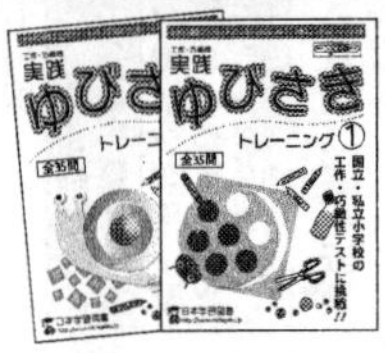

本体各￥2,500＋税

制作問題に特化した一冊。有名校が実際に出題した類似問題を35問掲載。

様々な道具の扱い（はさみ・のり・セロハンテープの使い方）から、手先・指先の訓練（ちぎる・貼る・塗る・切る・結ぶ）、また、表現することの楽しさも経験できる問題集です。

お話の記憶・読み聞かせ

［お話の記憶問題集］
中級／上級編
本体各￥2,000＋税

初級／過去類似編／ベスト30
本体各￥2,600＋税

1話5分の読み聞かせお話集①・②、入試実践編①
本体各￥1,800＋税

あらゆる学習に不可欠な、語彙力・集中力・記憶力・理解力・想像力を養うと言われているのが「お話の記憶」分野の問題。問題集は全問アドバイス付き。

分野別 苦手克服シリーズ（全6巻）

図形／数量／言語／
常識／記憶／推理
本体各￥2,000＋税

数量・図形・言語・常識・記憶の6分野。アンケートに基づいて、多くのお子さまがつまづきやすい苦手問題を、それぞれ40問掲載しました。

全問アドバイス付きですので、ご家庭において、そのつまづきを解消するためのプロセスも理解できます。

運動テスト・ノンペーパーテスト問題集

新 運動テスト問題集
本体￥2,200＋税

新 ノンペーパーテスト問題集
本体￥2,600＋税

ノンペーパーテストは国立・私立小学校で幅広く出題される、筆記用具を使用しない分野の問題を全40問掲載。

運動テスト問題集は運動分野に特化した問題集です。指示の理解や、ルールを守る訓練など、ポイントを押さえた学習に最適。全35問掲載。

口頭試問・面接テスト問題集

新 口頭試問・個別テスト問題集
本体￥2,500＋税

面接テスト問題集
本体￥2,000＋税

口頭試問は、主に個別テストとして口頭で出題解答を行うテスト形式。面接は、主に「考え」やふだんの「あり方」をたずねられるものです。

口頭で答える点は同じですが、内容は大きく異なります。想定する質問内容や答え方の幅を広げるために、どちらも手にとっていただきたい問題集です。

小学校受験 厳選難問集 ①・②

本体各￥2,600＋税

実際に出題された入試問題の中から、難易度の高い問題をピックアップし、アレンジした問題集。応用問題への挑戦は、基礎の理解度を測るだけでなく、お子さまの達成感・知的好奇心を触発します。

①は数量・図形・推理・言語、②は位置・常識・比較・記憶分野の難問を掲載。それぞれ40問。

国立小学校　対策問題集

国立小学校入試問題A・B・C（全3巻）本体各￥3,282＋税

新 国立小学校直前集中講座
本体￥3,000＋税

国立小学校頻出の問題を厳選。細かな指導方法やアドバイスが掲載してあり、効率的な学習が進められます。「総集編」は難易度別にA～Cの3冊。付録のレーダーチャートにより得意・不得意を認識でき、国立小学校受験対策に最適です。入試直前の対策には「新 直前集中講座」！

おうちでチャレンジ ①・②

本体各￥1,800＋税

関西最大級の模擬試験である小学校受験標準テストのペーパー問題を編集した実力養成に最適な問題集。延べ受験者数10,000人以上のデータを分析しお子さまの習熟度・到達度を一目で判別。

保護者必読の特別アドバイス収録！

Q＆Aシリーズ

『小学校受験で知っておくべき125のこと』
『小学校受験に関する保護者の悩みQ＆A』
『新 小学校受験の入試面接Q＆A』
『新 小学校受験 願書・アンケート文例集500』
本体各￥2,600＋税
『小学校受験のための
願書の書き方から面接まで』
本体￥2,500＋税

「知りたい！」「聞きたい！」「こんな時どうすれば…？」そんな疑問や悩みにお答えする、オススメの人気シリーズです。

書籍についてのご注文・お問い合わせ
☎ 03-5261-8951

http://www.nichigaku.jp
※ご注文方法、書籍についての詳細は、Webサイトをご覧ください。

日本学習図書　検索

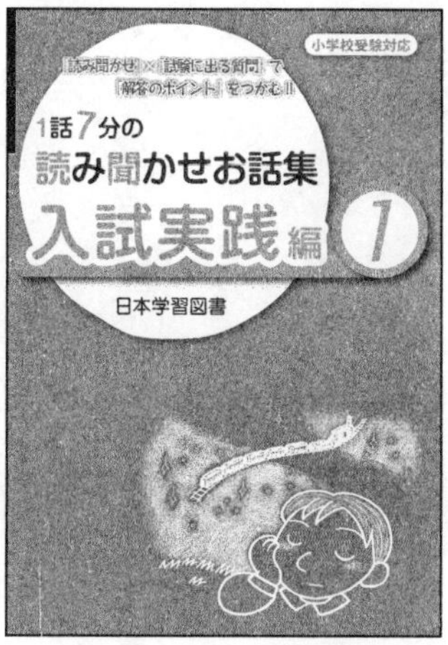

『読み聞かせ』×『質問』＝『聞く力』

お話の記憶の練習に最適

1話5分の 読み聞かせお話集①②

「アラビアン・ナイト」「アンデルセン童話」「イソップ寓話」「グリム童話」、日本や各国の民話、昔話、偉人伝の中から、教育的な物語や、過去に小学校入試でも出題された有名なお話を中心に掲載。お話ごとに、内容に関連したお子さまへの質問も掲載しています。「読み聞かせ」を通して、お子さまの『聞く力』を伸ばすことを目指します。

①巻・②巻　各48話

1話7分の読み聞かせお話集 入試実践編①

国立・私立小学校受験対応

最長1,700文字の長文のお話を掲載。有名でない＝「聞いたことのない」お話を聞くことで、『集中力』のアップを目指します。設問も、実際の試験を意識した設問としています。ペーパーテスト実施校の多くが「お話の記憶」の問題を出題します。毎日の「読み聞かせ」と「試験に出る質問」で、「解答のポイント」をつかんで臨みましょう！

50話収録

ニチガクの　この5冊で受験準備も万全！

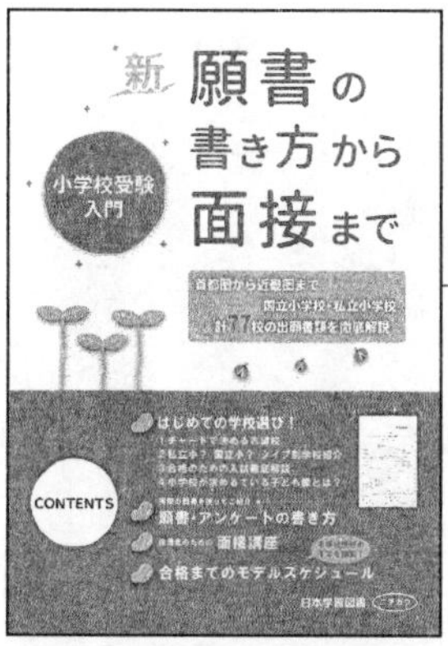

小学校受験入門 願書の書き方から面接まで リニューアル版

主要私立・国立小学校の願書・面接内容を中心に、学校選びや入試の分野傾向、服装コーディネート、持ち物リストなども網羅し、受験準備全体をサポートします。

小学校受験で 知っておくべき 125のこと

小学校受験の基本から怪しい「ウワサ」まで、保護者の方々からの125の質問にていねいに解答。目からウロコのお受験本。

新　小学校受験の 入試面接Q＆A リニューアル版

過去十数年に遡り、面接での質問内容を網羅。小学校別、父親・母親・志願者別、さらに学校のこと・志望動機・お子さまについてなど分野ごとに模範解答例やアドバイスを掲載。

新　願書・アンケート 文例集500 リニューアル版

有名私立小、難関国立小の願書やアンケートに記入するための適切な文例を、質問の項目別に収録。合格を掴むためのヒントが満載！願書を書く前に、ぜひ一度お読みください。

小学校受験に関する 保護者の悩みQ＆A

保護者の方約1,000人に、学習・生活・躾に関する悩みや問題を取材。その中から厳選した200例以上の悩みに、「ふだんの生活」と「入試直前」のアドバイス2本立てで悩みを解決。

日本学習図書株式会社

早稲田実業学校初等部　専用注文書

年　　月　　日

合格のための問題集ベスト・セレクション

＊入試頻出分野ベスト３

1st　お話の記憶

集中力　聞く力

2nd　図　形

観察力　思考力

3rd　制　作

聞く力　話す力　創造力

受験者数はこの状況でも増え、基礎学力を観る１次試験の合格のボーダーラインは高く、ミスのできない入試になっています。面接以外の場面でもコミュニケーション力が必要です。

分野	書　名	価格(税込)	注文	分野	書　名	価格(税込)	注文
図形	Ｊｒ・ウォッチャー５「回転・展開」	1,650円	冊	数量	Ｊｒ・ウォッチャー42「一対多の対応」	1,650円	冊
図形	Ｊｒ・ウォッチャー６「系列」	1,650円	冊	数量	Ｊｒ・ウォッチャー43「数のやりとり」	1,650円	冊
図形	Ｊｒ・ウォッチャー８「対称」	1,650円	冊	図形	Ｊｒ・ウォッチャー46「回転図形」	1,650円	冊
数量	Ｊｒ・ウォッチャー14「数える」	1,650円	冊	図形	Ｊｒ・ウォッチャー48「鏡図形」	1,650円	冊
記憶	Ｊｒ・ウォッチャー19「お話の記憶」	1,650円	冊	常識	Ｊｒ・ウォッチャー56「マナーとルール」	1,650円	冊
巧緻性	Ｊｒ・ウォッチャー22「想像画」	1,650円	冊		お話の記憶　初級編	2,860円	冊
巧緻性	Ｊｒ・ウォッチャー23「切る・貼る・塗る」	1,650円	冊		お話の記憶　中級編・上級編	2,200円	各　冊
巧緻性	Ｊｒ・ウォッチャー24「絵画」	1,650円	冊		１話５分の読み聞かせお話集①・②	2,750円	各　冊
巧緻性	Ｊｒ・ウォッチャー25「生活巧緻性」	1,650円	冊		お助けハンドブック　生活編	1,980円	冊
観察	Ｊｒ・ウォッチャー28「運動」	1,650円	冊		新・小学校面接　Q&A	2,860円	冊
観察	Ｊｒ・ウォッチャー29「行動観察」	1,650円	冊		保護者のための　入試面接最強マニュアル	2,200円	冊
観察	Ｊｒ・ウォッチャー30「生活習慣」	1,650円	冊		面接テスト問題集	2,200円	冊
数量	Ｊｒ・ウォッチャー37「選んで数える」	1,650円	冊		新 運動テスト問題集	2,420円	冊
数量	Ｊｒ・ウォッチャー40「数を分ける」	1,650円	冊				

合計	冊	円

(フリガナ) 氏　名	電　話 ＦＡＸ E-mail
住　所　〒　　　－	以前にご注文されたことはございますか。 有　・　無

★お近くの書店、または記載の電話・FAX・ホームページにてご注文をお受けしております。
電話：03-5261-8951　FAX：03-5261-8953　代金は書籍合計金額＋送料がかかります。
※なお、落丁・乱丁以外の理由による商品の返品・交換には応じかねます。
★ご記入頂いた個人に関する情報は、当社にて厳重に管理致します。なお、ご購入の商品発送の他に、当社発行の書籍案内、書籍に関する調査に使用させて頂く場合がございますので、予めご了承ください。

日本学習図書株式会社
https://www.nichigaku.jp

家庭学習をトータルサポート！ ニチガクのオリジナル 効果的 学習法

1 まずは アドバイスページを読む！

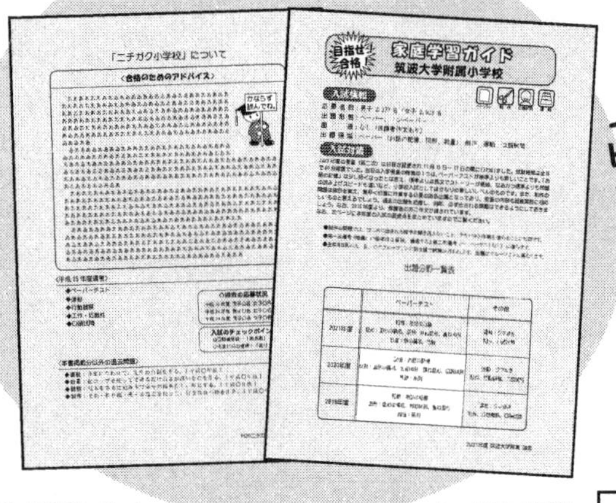

ピンク色です

対策や試験ポイントがぎっしりつまった「家庭学習ガイド」。分野アイコンで、試験の傾向をおさえよう！

2 問題をすべて読み、出題傾向を把握する

3 「アドバイス」で学校側の観点や問題の解説を熟読

4 はじめて過去問題にチャレンジ！

5 プラスα 対策問題集や類題で力を付ける

過去問のこだわり

最新問題は問題ページ、イラストページ、解答・解説ページが独立しており、お子さまにすぐに取り掛かっていただける作りになっています。
ニチガクの学校別問題集ならではの、学習法を含めたアドバイスを利用して効率のよい家庭学習を進めてください。

各問題のジャンル

問題4 分野：系列

〈準　備〉　クーピーペン（赤）

〈問　題〉　左側に並んでいる３つの形を見てください。真ん中の抜けているところには右側のどの四角が入ると繋がるでしょうか。右側から探して○を付けてください。

〈時　間〉　30秒

〈解　答〉　①真ん中　②右　③左

アドバイス

複雑な系列の問題です。それぞれの問題がどのような約束で構成されているのか確認をしましょう。この約束が理解できていないと問題を解くことができません。また、約束を見つけるとき、一つの視点、考えに固執するのではなく、色々と着眼点を変えてとらえるようにすることで発見しやすくなります。この問題では、①と②は中の模様が右の方へまっすぐ1つずつ移動しています。③は4つの矢印が右の方へ回転して1つずつ移動しています。それぞれ移動のし方が違うことに気が付きましたでしょうか。系列にも様々な出題がありますので、このような系列の問題も学習しておくことをおすすめ致します。系列の問題は、約束を早く見つけることがポイントです。

【おすすめ問題集】
Ｊｒ・ウォッチャー６「系列」

アドバイス

各問題の解説や学校の観点、指導のポイントなどを教えます。
今日から保護者の方が家庭学習の先生に！

おすすめ対策問題集

分野ごとに対策問題集をご紹介。苦手分野の克服に最適です！
＊専用注文書付き。

2025年度版　早稲田実業学校初等部
過去問題集

発行日　2024年3月21日
発行所　〒162-0821 東京都新宿区津久戸町 3-11-9F
日本学習図書株式会社
電　話　03-5261-8951 ㈹

・本書の一部または全部を無断で複写転載することは禁じられています。
乱丁、落丁の場合は発行所でお取り替え致します。

ISBN978-4-7761-5548-5
C6037 ¥2100E
9784776155485
定価 2,310 円
(本体 2,100 円 + 税 10%)
1926037021001

詳細は https://www.nichigaku.　日本学習図書　検索